中国经济文库·应用经济学精品系列（二）

本书获2016年度贵州省“一流大学”建设项目：国际商务特色专业建设项目（SJ-YLZY-2016-003）的资助

# 环境规制对旅游产业结构与竞争力的影响研究

彭　聪◎著

中国经济出版社
CHINA ECONOMIC PUBLISHING HOUSE
北　京

**图书在版编目（CIP）数据**

环境规制对旅游产业结构与竞争力的影响研究 / 彭聪著 .—北京：中国经济出版社，2021.11

ISBN 978-7-5136-6647-3

Ⅰ . ①环… Ⅱ . ①彭… Ⅲ . ①环境规划 – 影响 – 旅游业发展 – 研究 – 中国 Ⅳ . ① F592.3

**中国版本图书馆 CIP 数据核字（2021）第 189376 号**

责任编辑　赵嘉敏
责任印刷　巢新强
封面设计　华子设计

**出版发行**　中国经济出版社
**印 刷 者**　北京力信诚印刷有限公司
**经 销 者**　各地新华书店
**开　　本**　710mm × 1000mm　1/16
**印　　张**　13.5
**字　　数**　170 千字
**版　　次**　2021 年 11 月第 1 版
**印　　次**　2021 年 11 月第 1 次
**定　　价**　88.00 元
**广告经营许可证**　京西工商广字第 8179 号

**中国经济出版社** **网址** www.economyph.com **社址** 北京市东城区安定门外大街 58 号 **邮编** 100011
本版图书如存在印装质量问题，请与本社销售中心联系调换（联系电话：010–57512564）

# 前言

自1978年我国实施改革开放政策以来，经济实现了腾飞，创造了“中国奇迹”。与此同时，我国旅游经济迎来“井喷式”发展。目前，我国旅游市场的规模已居全球首位，旅游业已经成为一个多领域、多行业交叉渗透的泛旅游业群。作为国家重点培育的六大消费领域之一，旅游业一直是推动国民经济发展的新引擎。2018年，我国旅游业的年收入首次突破5万亿元人民币。然而，自2011年以来，我国各地雾霾现象严重，污染事故频发，不仅损害了人们的健康，威胁到中国经济的可持续发展，也在一定程度上为我国旅游业的发展蒙上了一层阴影。目前，越来越多的人对不能通过牺牲环境来换取经济增长的观点达成了共识。中国的经济增长模式必须转变，摒弃过去主要依靠大规模投入要素、高强度消耗资源和牺牲环境来换取经济增长的模式，向绿色、循环和低碳的方向发展。在转型过程中，环境规制的严厉程度将会越来越强。在供给侧结构性改革与环境约束收紧的双重背景下，环境规制行为会通过哪些传导路径影响旅游产业结构及竞争力，且影响的程度如何？环境规制强度（Environmental Regulation Intensity，ERI）应控制在何种程度才会有助于旅游产业结构升级以及竞争力的提升？本书研究环境规制强度对中国旅游产业结构与竞争力影响的初衷，就是要合理解答上述问题，这对于当前中国转变经济增长方式、促进旅游产业持续健康发展具有重要意义。

首先，本书在梳理环境规制、旅游产业结构、旅游产业竞争力相关国内外文献的基础上，对“环境规制”“环境规制强度”“旅游产业”“旅游产业结构”“产业竞争力”等概念进行了界定，将环境经济学理论、规制经济学理论、产业结构理论、竞争优势理论、产业区位理论、新经济地理学、区域可持续发展理论、环境标准竞次假说作为研究环境规制与旅游产业结构、旅游产业竞争力相互影响的理论基础。

其次，通过对环境规制强度、旅游产业结构、旅游产业竞争力三个指标的测度（三个指标的值域均为［1，100］），分析环境规制、旅游产业结构、旅游产业竞争力的演变历程，辨析了我国环境规制强度、旅游产业结构与竞争力的现状与发展阶段，同时分析了我国当前环境规制、旅游产业结构、旅游产业竞争力存在的问题与成因。

最后，采用我国2007—2016年的省际面板数据，研究了当前供给侧结构性改革与环境综合治理的双重背景下，环境规制强度、旅游产业结构、旅游产业竞争力三者之间的作用关系与路径，并对其作用机制进行了具体分析。研究认为，环境规制强度不仅会对旅游产业竞争力产生非线性的“三次型”关系，还会通过研发创新、外商直接投资、固定资产投资、员工素质以及员工身体健康状况等传导路径间接作用于旅游产业结构，进而对旅游产业竞争力形成不同的影响效应。在厘清三者之间的影响机制与路径的基础上，本书构建了环境规制强度、旅游产业结构等因素对旅游产业竞争力影响的“中介”模型并进行实证检验；同时，考虑到环境问题存在显著的空间效应，本书进一步对原计量模型进行了空间效应的探讨。研究发现：

第一，2007—2016年，中国31个省区市环境规制强度的分布区间为［8.11，58.15］，虽然我国环境规制强度的总体水平并不高，但有增强的趋势；2007—2016年，中国31个省区市旅游产业结构指数的分布区间为

[ 10.60，78.39 ]，全国旅游产业结构指数年均值为 25.97，整体呈水平波动的趋势；2007—2016 年，中国 31 个省区市旅游产业竞争力指数的分布区间为 [ 9.77，77.92 ]，全国旅游产业竞争力指数年均值为 27.77，整体呈稳步提升的趋势。

第二，环境规制强度对旅游产业竞争力的影响存在三个区间。从全国来看，这三个区间分别为 [ 1，18 ]、( 18，37 )、[ 37，78 ]。在 [ 1，18 ] 和 [ 37，78 ] 两个区间，提高环境规制强度能促进旅游产业竞争力的快速提升；而在 ( 18，37 ) 区间，提高环境规制强度不但不会提升旅游产业竞争力，还有可能减缓旅游产业竞争力的提升速度。因此，环境规制强度在此区间的省区市，在提升本地旅游产业竞争力时就存在两种选择，即降低环境规制强度或继续提高环境规制强度。如果选择降低环境规制强度，那么将面临“环境竞次”陷阱。总体来看，提高环境规制强度能够在全国范围内提高旅游产业竞争力。分区域来看，东部地区的三个区间分别为 [ 1，24 ]、( 24，39 )、[ 39，62 ]；中部地区分别为 [ 1，18 ]、( 18，23 )、[ 23，44 ]；西部地区分别为 [ 1，22 ]、( 22，28 )、[ 28，58 ]。从全国总体样本来看，2007—2016 年，环境规制强度对旅游产业竞争力的总效应均值为 0.40，呈水平波动的趋势。在分区域样本中，东部地区的总效应均值为 0.61，呈逐年上升的趋势，中部地区的总效应均值为 0.22，呈逐年缓慢下降的趋势；西部地区的总效应均值为 0.32，呈水平波动的趋势。同时，旅游产业结构与本地区旅游产业竞争力具有显著的正向线性关系，即旅游产业结构的升级能有效促进旅游产业竞争力的提高。从误差修正模型 ( ECM ) 的结果来看，当短期波动对旅游产业结构和旅游产业竞争力分别产生影响时，旅游产业结构、旅游产业竞争力拉回均衡状态的调整力度分别为 –0.1323 和 –0.169，总效应的力度为 –0.1845。

第三，在空间引力权重下，各省区市旅游业竞争力仅存在区域性或局部性空间依赖关系，不存在全局性空间依赖关系。环境规制和旅游业竞争力之间表现为非线性的加速关系。从总效应来看，可以划分为三个影响区间。当 *ERI* 低于 23 时，企业通过一系列小的技术改造就能克服由环境规制带来的治理成本上升，因此在这个阶段，企业较容易实现环境治理的目标。当 *ERI* 继续增加到 23~40 时，为实现环境治理的目标，企业成本显著上升，企业小规模的技术革新已无法应对较高环境质量的要求，“创新补偿效应”无法被有效激发，使得环境质量难以得到实质性改善。污染的扩散给周边区域带来负外部性影响，这不利于高度依赖环境的旅游业的发展。而当 *ERI* 达到一个较高水平（$ERI > 40$）时，“创新补偿效应”发挥作用，环境污染得到有效控制。从目前各省区市的 *ERI* 数值来看，有半数以上的省份环境规制强度介于 23~40，仅上海和天津的环境规制强度超过了 40。因此在现阶段，提高环境规制强度能够促进旅游业竞争力的提升。由于环境规制强度的空间溢出效应大于直接效应，对周边区域的旅游业会形成显著的正外部性影响，因此结合直接效应来看，当环境规制强度在 40~70 时，提高环境规制水平不仅能够产生正向的直接效应，还能获得正向的空间溢出效应。

综合来看，本书的主要创新点包括以下几点：

首先，充实了环境规制测度理论。在文献梳理的基础上，总结已有文献中因指标选取不同导致研究结果不同的弊端，按系统论的观点重新定义了环境规制的内涵与范畴，丰富了环境规制理论的体系内容。现有关于环境规制强度的文献中，环境规制代理变量的选取方法并不统一。由于可选指标的多样性以及指标选取标准的缺乏，往往导致同一问题的研究因指标选取的不同而出现不同的结论。本书从环境治理的措施、影响与效率三个方面入手，建立了涵盖行政、经济、排放、健康以及效率五个大类的环境规制强度指标体系，该指标体系包括环境规制的事前预防、事中监控及事后治理三个阶段，这为环境规制测度理论研究的完善与发展提供了有益的补充。

其次，丰富了环境规制理论、产业结构理论以及产业竞争力理论的经验研究结论。本书结合我国旅游产业结构特征，将产业竞争力作为表征产业绩效的代理变量，从理论上分析了环境规制强度、旅游产业结构、旅游产业竞争力三者之间的影响关系，借鉴相关学科知识，分析、完善了环境规制影响的机制与路径研究。

最后，丰富和拓展了旅游产业竞争力的经验研究结论。现有关于国内外旅游产业竞争力的研究文献，主要是从微观层面考察旅游目的地的竞争力。在相关理论研究中，环境规制对旅游产业竞争力的影响方向并不确定；在经验研究方面，尚缺乏环境规制对旅游产业竞争力影响的定量分析。因此，本书的研究从较为宏观的层面，不仅在理论方面，而且在经验研究方面丰富了旅游产业发展的研究。环境规制强度的提升不仅促进了旅游产业结构的升级，还对旅游产业竞争力产生非线性的影响，同时旅游产业结构的升级也会促进旅游产业竞争力的提升。区域环境政策的变化不仅会影响区域内旅游产业结构和旅游产业竞争力的变化，还会对邻近区域产生影响；区域旅游产业结构的变化，同样会对邻近区域相关产业产生冲击。因此，必须考虑环境政策、旅游产业结构与旅游产业竞争力的空间溢出效应。综上所述，本书的研究丰富了旅游产业相关研究的内容。

# 目录

# 1 绪 论

## 1.1 研究背景与意义

### 1.1.1 研究背景

1978 年改革开放以来，我国经济实现了腾飞，综合国力持续增强，这些成就为世人所瞩目。然而，经济跨越式发展的背后也存在一些隐患，如生态环境恶化、资源枯竭等一系列问题都为我们的发展敲响了警钟。始于 2011 年的雾霾天气持续肆虐，给人们的身体健康与日常生活带来了极大的威胁。目前，改变以往高投入、高能耗、高污染的发展模式已成为全社会的共识。为此，党的十八届五中全会提出了绿色发展理念，把保护生态环境摆在了与经济发展同等重要的位置。更进一步，在党的十九大报告中明确将生态文明建设纳入基本国策，提出了建设“美丽中国”的宏伟目标。通过实施最严格的环境保护制度，促进产业结构的调整升级与经济增长方式的转变，践行五大发展理念。与“先污染、后治理”的传统发展理念在本质上不同的是，这一理念更强调事前预防。当前，我们要优化产业结构，增强经济竞争力，从以产业为主转向以物质资源为主的一、二、三产业协调发展，实现收入增长向依靠劳动生产率提高的方式转变。我国虽然经济增长较快，但是仍属于发展中国家，而且人口众多，所以经济的持续增长是实现人民物质、文化等各方面需求的基础。因此，我国要在狠抓生态文明建设、落实环境治理与保护的同时，毫不动摇地坚持经济建设。

在经济增长的同时，我国旅游业也得到了快速发展。根据《2017 年全国旅游市场及综合贡献数据报告》，2017 年，我国旅游业总收入达到 5.40 万亿元人民币，全年全国旅游业对 GDP 的综合贡献为 9.13 万亿元，占 GDP 总量的 11.04%。截至 2020 年，我国旅游市场规模已连续 4 年居全球首位。然而在旅游业快速发展的过程中，生态环境的污染（如始于 2011 年的雾霾天气）一度为旅游业的发展带来挑战。旅游统计年鉴数据显示，2015 年入境旅游的外国游客达 2598.54 万人次，较 2014 年下降了 1.42%，较 2012 年下降了 4.44%，呈现逐年下滑的趋势。随着国家对生态环境保护的日益重视，环境规制强度不断提高，从 2016 年开始，入境外国游客的到访数量又开始呈现逐年增加的趋势。同期，国际旅游收入呈现下降态势，2013 年相比 2012 年（4919 亿元人民币）减少了 4.33%，而 2014 年又比 2013 年下降了 0.41%。与此形成鲜明对比的是，我国周边一些国家的入境旅游保持良好增长态势。例如，2015 年到访日本和新加坡的外国游客均超过 1500 万人次，同比分别增长了近 1.2% 和 0.9%①。2016 年到访泰国旅游的外国游客同比增长了近 9%，达到 3260 万人次②。

与 2016 年之前我国入境旅游人数下降的趋势不同，根据《2016 年旅游服务再体验调查报告》③，近年来，我国旅游服务质量表现为“总体稳定，

① 日本国家旅游局官网，https://www.jnto.go.jp/jpn/news/press_releases/ index.html；新加坡旅游局官网，https://www.stb.gov.sg/statistics-and-market-insights。

② 全球经济指标数据网，https://zh.tradingeconomics.com/thailand/tourist-arrivals。

③ 中国消费者协会网，http://www.cca.cn/zhuanti/trip/index.aspx。

稳中有进”。因此，近年来入境旅游发展势头不佳并不能从旅游服务质量方面进行解释。同时，与入境旅游人数下降同期出现的雾霾天气的加剧可能对其具有一定的解释力，而且两者之间的关系也引起了学者的注意。例如，高广阔与马丽霞（2016）的研究表明，雾霾天气的确对我国入境游客流量产生了负面影响。受持续的雾霾影响，不仅入境旅游受到了冲击，国内旅游市场也出现了需求减弱、市场增长放缓的趋势，加剧了旅游市场的季节性波动（彭建等，2016）。

对于高度依赖生态景观和文化资源的旅游业来说，环境问题对其发展产生重要影响。为解除严重的环境污染对我国经济可持续发展的威胁，近年来，我国提出了生态文明建设的发展战略和构筑“美丽中国”的宏伟目标。因此，我国政府对环境污染的规制力度将会不断提升，以期扭转环境恶化的不利局面。基于这样的现实背景，本书的研究以环境规制对我国旅游产业结构和旅游产业竞争力的影响为主题，对我国经济结构转型和生态文明建设具有重要意义。

从研究成果的数量及涉及的研究范畴来看，目前单独针对环境规制、旅游产业结构、旅游产业竞争力的研究都已经比较丰富。对环境规制的研究主要聚焦在其对经济增长的影响上，但是对环境规制行为测度的系统研究并无统一的方法与结论。因此，针对不同研究主体，多是根据研究需要或者数据获取的便利性自行定义和测度环境规制的强度，而指标体系选取差异则导致了研究结论的不确定性。在旅游产业结构研究方面，虽然相关研究已经比较丰富，但是也存在因对概念、内涵理解不同而导致差异化研究结论的现象；在旅游产业竞争力研究方面，已有研究关注的焦点主要在旅游产业竞争力的内涵与构成、测度与评价、优化与提升等方面，尚无环境规制强度与旅游产业竞争力之间作用机制的理论研究与经验研究。

### 1.1.2 理论意义

环境问题、产业结构和产业竞争力都是近年来经济学研究的热点之一。环境规制强度、产业结构与产业竞争力的概念、内涵及测度方法至今仍在争论中不断发展。产业竞争力作为产业绩效的表征形式之一，与产业结构之间存在关联效应。然而，对产业结构与产业竞争力之间相互影响的动态传导机制的研究也因产业领域的不同而得到不同的结论。结合近年来中国环境问题日益严峻，环境规制政策与措施也日益加强，在这样的大背景下，辨析环境规制强度与旅游产业结构、旅游产业结构与旅游产业竞争力、环境规制与旅游产业竞争力之间的关联与作用形式，能为我们认识旅游产业竞争力、制定适宜的产业政策提供决策依据。

本书的理论意义有以下四点：

第一，重新定义了环境规制的内涵与范畴，丰富了环境规制理论的体系内容。在现有关于环境规制强度的文献中，环境规制代理变量的选取方法并不统一。受指标选取标准欠缺以及研究指标多样性等因素的影响，相似问题的研究由于选取的指标不同，往往得出完全对立的结论。本书试图以全社会环境治理视角为切入点，从环境治理的措施、影响与效率三个方面入手，将监管机构环境治理的相关行政文件数量、环境治理的经济投入与行政罚款、主要污染物的排放量、与环境污染相关疾病的发病率以及环境治理达标率等指标纳入环境规制强度评价体系，为环境规制强度相关研究提供有益的补充。

第二，从环境规制的视角思考旅游产业竞争力问题，丰富了旅游产业发展的相关理论研究。现有国内外关于旅游产业竞争力的研究文献，主要是从微观层面考察旅游目的地的竞争力。在理论研究方面，环境规制对竞争力的影响方向并不确定；在经验研究方面，尚缺乏针对环境规制对旅游业竞争力影响的定量分析。因此，本书的研究从较为宏观的层面，不仅在理论方面，而且在经验研究方面丰富了旅游产业发展的研究。

第三，辨析了旅游产业结构与旅游产业竞争力之间的关系，完善了旅游产业结构与旅游产业竞争力理论体系的内容。旅游产业结构与旅游产业竞争力是相对独立的两个研究领域，现有文献中，鲜有对二者之间的关系进行探讨分析的。本书以环境规制为切入点，以旅游产业结构与旅游产业竞争力的构成要素为基础，厘清了二者之间的关系，建立了两个研究领域之间的桥梁。同时，在对产业绩效与产业竞争力二者概念、内涵的对比分析基础上，辨析了它们的关系。本书认为，产业竞争力不仅表现为持续获取经济收益的能力，还表现为在市场上的竞争优势。产业竞争力的物化表现形式即产业绩效，因此，产业竞争力的内涵与范畴较产业绩效更为深刻和广泛。以产业竞争力代替传统的产业绩效，丰富了绩效的内涵。

第四，区域环境政策的变化，不仅会影响区域内旅游产业结构以及旅游产业竞争力，还会影响邻近区域相关产业；区域旅游产业结构的变化，同样会对邻近区域的相关产业产生冲击。为此，必须考虑环境规制政策、旅游产业结构与旅游产业竞争力的空间溢出效应。因此，本书的研究补充了旅游产业竞争力的相关内容。

### 1.1.3 实践意义

本书在“产业结构—产业竞争力”这一关系上，引入外部环境影响因素，对环境规制影响旅游产业结构，进而影响旅游产业竞争力的机制与路径进行分析，并在此基础上研究了环境规制强度、旅游产业结构、旅游产业竞争力的空间影响效应，为我国政府制定相关环境规制政策提供了理论与实践依据。在实现经济建设目标的同时改善环境质量，促进旅游产业结构调整升级以及旅游产业竞争力的提升，实现区域间旅游产业协同、有序、健康地发展，为我国旅游产业政策、环境规制政策的制定，以及旅游产业结构升级、产业竞争力的提升等方面提供具体、可操作的政策建议。

## 1.2 研究思路和框架

本书首先从梳理文献入手，再进行理论分析，进而对理论分析的结果进行经验研究，最后根据经验研究的结果提出相关政策建议，具体进行了以下四个方面的工作：

第一，在研究背景及研究意义部分，本书结合我国当下的宏观经济形势与旅游产业现状，分析了在当前环境问题日益严峻的背景下，旅游产业如何健康、持续地快速增长，并结合研究结论对促进旅游产业结构升级、提升旅游产业竞争力给出了相关政策建议。

第二，通过对国内外相关文献的系统梳理，本书回顾了旅游产业竞争力的演进和发展历程，结合文献中关于旅游产业的定义、测度方法和竞争力路径的研究，进一步分析了环境规制强度与旅游产业结构、环境规制强度与旅游产业竞争力、旅游产业结构与旅游产业竞争力之间的关联机制，评述了环境规制、旅游产业结构与旅游产业竞争力相关研究中的争议。

第三，本书实证分析了环境约束条件下我国旅游产业结构与旅游产业竞争力的发展趋势；检验了环境规制强度、旅游产业结构相关因素对旅游产业竞争力的影响机制；通过理论与实证相结合的方式，系统地分析了环境规制强度、旅游产业结构对旅游产业竞争力的作用路径与机制。

第四，本书基于当下我国环境规制强度、旅游产业结构与旅游产业竞争力现状，提出了对政府规制行为及相关产业结构调整、产业竞争力提升的政策建议。

本书研究框架如图 1-1 所示。

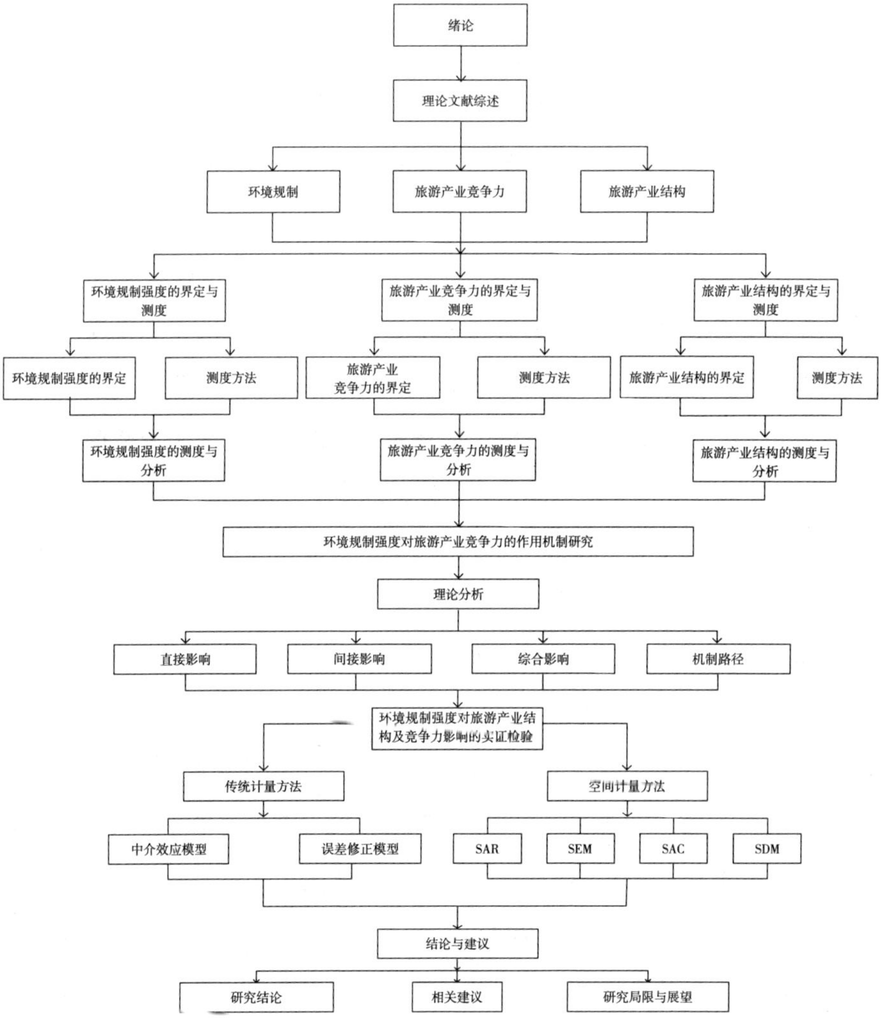


图 1-1 研究框架

## 1.3 结构安排

本书共分为七章，各章内容如下：

第一章，绪论。本章主要阐述本书的研究背景和意义，介绍研究思路和框架，提出了研究内容与方法、研究的重点与难点，同时指出本书的创新点与不足。

第二章，理念与文献综述。首先，通过对主要研究对象进行科学合理的概念界定，明确研究对象的内涵与范畴，为进一步的文献梳理以及后续研究奠定基础。其次，对书中涉及的 8 个理论进行简单介绍，为后续研究提供理论支撑。最后，通过对国内外相关理论与研究的系统梳理，回顾了环境规制理论、旅游产业结构理论以及旅游产业竞争力理论的演进与发展，综述了环境规制（强度）的理论与实证在旅游产业结构、旅游产业竞争力方面的研究。

第三章，指标测度与分析。本章主要对环境规制强度、旅游产业结构与旅游产业竞争力指标进行构建与测度。首先，基于对环境规制强度、旅游产业结构、旅游产业竞争力三个概念的界定，构建了相应的指标体系，并得到我国 31 个省区市 2007—2016 年的环境规制强度指数、旅游产业结构指数以及旅游产业竞争力指数。其次，对当前我国 31 个省区市的环境规制强度、旅游产业结构、旅游产业竞争力现状进行深入分析，并得出结论：整体而言，虽然我国环境规制强度的总体水平并不高，但有增强的趋势，且东部地区对环境质量的要求普遍高于中、西部地区；我国旅游产业结构指数也处在较低水平，东、西部地区的旅游产业结构指数显著高于中部地区；旅游产业竞争力指数整体呈现稳步上升的趋势，东部地区旅游产业竞争力显著强于中、西部地区，并呈现出压倒性的优势。同时，从三个指数的整体变动趋势可以看出，环境规制与旅游产业结构、旅游产业竞争力之间存在同向变化的趋势。

第四章，从理论角度分析了环境规制强度对旅游产业结构、旅游产业竞争力的影响机制与作用路径，厘清各要素之间的相互关系，明晰环境规制强度对旅游产业结构与旅游产业竞争力的传导途径。首先，分析了影响旅游产业竞争力的各个因素；其次，分析了环境规制对旅游产业结构、旅游产业竞争力的作用机制与路径，厘清了环境规制强度、旅游产业结构及旅游产业竞争力三者的因果关系，明晰了环境规制强度对旅游产业竞争力的传导途径。

第五章，基于对环境规制强度、旅游产业结构、旅游产业竞争力的明确定义，构建了一个实证模型来验证环境规制强度、旅游产业结构以及其他因素对旅游产业竞争力的影响，并得出相关结论。首先，环境规制强度与旅游产业竞争力之间存在非线性三次型关系，环境规制强度与旅游产业结构呈显著正向线性关系，旅游产业结构对旅游产业竞争力存在显著正向线性影响；其次，将所有影响因素纳入单一的回归模型，采用广义最小二乘法（Generalized Least Squares, GLS）进一步验证了三者之间存在系统、稳定的作用关系；最后，采用 ECM 模型对环境规制强度、旅游产业结构与旅游产业竞争力的短期波动影响进行了修正。

第六章，从空间效应的视角，进一步验证了环境规制强度、旅游产业结构与旅游产业竞争力三者的关系，并分析了环境规制强度、旅游产业结构、旅游产业竞争力三者之间的空间影响。研究结果表明，在现阶段，环境规制与旅游产业竞争力之间总体上呈现双赢局面。特别是在间接的空间溢出效应方面，一个地区的旅游产业竞争力强烈地受到其他地区环境规制水平提高的正向影响。

第七章，结论与建议。基于以上各章节的分析及研究，总结归纳了本书的研究结论，并以此为基础，对中国旅游产业结构升级、旅游产业竞争力提升提出了相关的政策建议。由于环境规制对旅游产业竞争力存在局部的空间溢出效应，因此在制定相关政策时必须充分考虑区域间旅游产业结构和旅游产业竞争力的差异，设计适当的环境规制方案，以实现旅游经济增长与生态环境保护的双重目标。最后，在总结归纳本书研究结论的基础上，指出研究的局限性，提出了未来研究的方向。

## 1.4 研究的重点与难点

### 1.4.1 研究重点

本书研究的是一个学科交叉的论题，在以规制理论和产业组织理论为主线研究旅游产业竞争力相关问题的同时，也兼顾了对环境规制政策、产业结构的分析。从行文逻辑和研究重点上主要分为以下三个层次。

（1）环境规制强度、旅游产业、旅游产业结构、旅游产业竞争力的内涵与外延是什么？重点明确环境规制强度、旅游产业、旅游产业结构、旅游产业竞争力等概念的界定，厘清环境规制和环境规制强度、旅游产业结构和旅游产业竞争力、产业竞争力和产业绩效之间的区别与联系，为本书实证分析环境规制强度、旅游产业结构对旅游产业竞争力的影响奠定理论基础。

（2）我国旅游产业竞争力具有什么样的特征和发展趋势？本书在建模过程中加入了环境规制强度与旅游产业结构变量，从外部环境和内部结构两个方面系统和全面地分析了我国旅游产业 2007—2016 年产业结构、竞争力的特征和发展趋势，为后文进一步研究环境规制强度、旅游产业结构与旅游产业竞争力之间的作用机制做铺垫。

（3）产业竞争力在旅游产业的发展中起到了什么样的作用？这一层次有两方面内容：一方面，通过对产业结构与竞争力之间作用关系的分析，阐明了我国旅游产业竞争力形成和变化的原因，也间接验证了旅游产业结构调整（升级）对旅游产业竞争力产生的影响；另一方面，研究了环境规制强度、旅游产业结构、旅游产业竞争力三者之间的因果关系，并在此基础上指出了旅游产业结构升级与旅游产业竞争力提升的合理环境规制强度区间，实证检验了环境规制强度、旅游产业结构以及其他因素对旅游产业竞争力的作用，并提出了相关政策建议，为旅游产业的进一步发展奠定了基础。

### 1.4.2 难点问题

（1）受统计制度与统计内容变更的影响，环境规制强度指数、旅游产业结构指数、旅游产业竞争力指数在相关构成数据的可获取性方面存在较多的限制，这导致在指标体系构建上存在不够合理、细化程度不足等问题。同时，由于客观构权法的多样性，采用不同的构权法可能得出差异较大的结果，这会导致指标测度结果存在争议，其直接影响是在进行定量研究时造成研究结论的偏误。另外，现有指标体系只能对“显性指标”进行量化，对“非显性指标”则无能为力，如领导对环境污染问题的容忍度、旅游产品的品牌价值、非物质文化遗产的价值等，这些在相关指标体系中均未包含，也会影响指标体系测度结果的准确性。

（2）旅游学基础理论较为薄弱。由于本书研究的主要对象，即环境规制强度、旅游产业结构、旅游产业竞争力三个概念及其测度内容与测度方法，目前在学术界并未形成统一的认识，因此相关概念的定义、内涵以及测度方法均存在显著的差异，这会导致本书研究的主要内容可能陷入争议。同时，由于已有文献中部分研究领域（如旅游产业结构与旅游产业竞争力的关系、环境规制强度与旅游产业竞争力的关系等）鲜有涉及，因此本书研究内容在相关理论上的支撑也略显薄弱。

（3）环境规制强度、旅游产业结构、旅游产业竞争力三者之间存在长期稳定的关系。在该系统中，不仅环境规制强度对旅游产业结构、旅游产业竞争力的影响是系统的，其他影响因素（如外商直接投资、基础设施投资、研发投入以及人力资源状况等）对旅游产业结构、旅游产业竞争力的影响也是系统的，而且各影响因素之间也存在千丝万缕的联系。因此，尽管本书试图通过实证方法检验相关理论模型，但是相关的政策建议难以尽善尽美。

## 1.5 创新点

（1）基于系统论的视角，本书提出了一种有别于以往只针对制造业的、面向全社会的环境规制强度测度方法。在文献梳理的基础上，本书总结已有文献中因指标选取不同导致研究结果不同的弊端，按系统论的观点重新定义了环境规制的内涵与范畴，丰富了环境规制理论的体系内容。环境污染不仅是某一产业（或行业）的问题，更是一个全社会关注的热点。本书从环境污染的社会治理视角入手，将环境规制的事前预防、事中监控及事后治理纳入评价体系，对环境规制测度理论研究进行了有益的补充与促进。

（2）本书丰富了环境规制、旅游产业结构以及旅游产业竞争力之间关系的经验研究。本书结合我国旅游产业结构特征，将产业竞争力作为表征产业绩效的代理变量，拓展了外部环境因素对“产业结构—产业竞争力”关系的冲击性影响，通过对相关机制路径的分析，厘清了环境规制强度、旅游产业结构以及旅游产业竞争力三者之间的关系。本书借鉴相关理论知识，丰富和完善了关于环境规制影响的机制与路径研究。

（3）本书充实了环境规制对旅游产业竞争力影响的理论研究，拓展了对旅游产业竞争力的经验研究。通过对已有的国内外关于旅游产业竞争力理论研究的梳理发现，已有研究多是从微观视角探究旅游目的地竞争力的形成。其中与环境规制的影响相关的研究结论表明，环境规制对旅游产业竞争力是否存在正向影响作用并不确定。在经验研究方面，环境规制强度对旅游产业竞争力的定量研究基本处于空白状态。因此，本书在理论研究和经验研究两方面，对环境规制影响旅游产业竞争力的作用机制与作用强度进行较为充分的论证，充实了对旅游产业竞争力的研究。从本书的研究结论看，现阶段在我国提高环境规制强度不仅可以促进旅游产业结构的优化升级，还能够加速旅游产业竞争力的提升；由于环境污染存在空间溢出效应，区域环境治理同样也存在空间溢出效应，基于这一溢出效应，在实现本区域内旅游产业结构与旅游产业竞争力提升的基础上，区域环境治理还能够对邻近区域的产业结构、产业发展发挥推动作用。

# 2 理论与文献综述

## 2.1 概念与理论

### 2.1.1 相关概念及界定

1. 环境规制

1839—1850 年，英国政府对铁路运输中资金与成本问题的管制，引发了西方经济学界对生产者福利与消费者福利等问题的大讨论，这些问题的研究成果奠定了规制理论分析的基础。1933 年，美国实施的“罗斯福新政”为大萧条下的美国经济复苏带来了希望。以“罗斯福新政”为起点，由于政府对产业经济行为的干预而带来的经济发展与政治稳定，使经济学界普遍支持对具有自然垄断特征的产业进行规制，这为规制理论的发展奠定了现实基础。20 世纪 60 年代，以美国经济学家 Kahn（1970）的代表性著作 *The Economics of Regulation: Principles and Institutions* 为标志，规制经济学理论正式发展成为经济学的重要分支。规制经济学理论的根源来自

Keynes（1937）提出的政府对经济进行干预的理论与政策，其目标在于通过政府的干预行为提升社会的整体福利。随着“二战”的结束，全球经济飞速发展，随之而来的是环境污染日益加剧，环境质量与健康状况日益受到人们的重视。从20世纪70年代开始，西方国家采取更加积极的规制政策以维护自然环境、保护人们的身体健康，这一系列的举措引发了学术界对环境规制（Environmental Regulation）理论的研究。但是迄今为止，学术界对环境规制概念和内涵的解释并没有统一，经济学界也尚未对“环境规制”做出清晰而准确的定义，正因如此，对环境规制强度的测度与使用，因研究内容以及指标选取的不同而存在显著差异。

由于环境污染属于经济外部性问题，因此政府干预是解决经济外部性问题最直接有效的途径。在解决与环境污染类似的负经济外部性问题时，政府有两种干预的措施与方法：①通过行政手段对资源的利用进行直接干预，如排污许可证制度、行政法规以及直接关停相关企业等；②采用经济手段间接调节与控制污染的排放水平，如环境税、减排补贴、污染排放总量控制等。目前，国内已有多位学者从不同维度对环境规制的内涵进行了界定。其中，张红凤等（2009）认为环境规制属于社会性规制范畴，并在规制权利配置结构的福利影响、政策工具的选择、政策工具的绩效评估等方面进行了深入的探讨；同时基于规制行为造成的市场失灵，通过对在信息不对称条件下政府、企业行为差异的分析，重点研究了政府规制行为的内在机制。赵玉民等（2009）认为，环境规制的目的是保护环境，它是通过制度规范与意识约束两种形态对微观个体与组织实施的一种约束行为，由此将环境规制纳入社会性规制范畴。谭娟和陈晓春（2011）认为，政府凭借其权威优势，通过制度安排强制个体或组织遵守并执行环境保护的各项法律法规、政策措施；凭借其功能优势，借助市场机制激励经济主体自觉参与环境保护和环境治理；凭借其组织优势，培育环保意识、营造环境保护的社会氛围；凭借其资源优势，调动社会力量支持环境保护等。于文超（2013）认为，环境规制是政府为实现经济增长与环境保护的协调发展，通过制定相应政策与措施，对经济主体行为进行规范，同时对环境污染行为进行约束的管理活动。然而，在环境规制的实际运用过程中，政府会通过法律法规等措施提高产业或行业的进出壁垒，这就模糊了环境规制的社会属性与经济属性的界限。因此，从这个角度可以将环境规制理解为政府监管机构对企业生产经营活动实施的一种干预行为，它以制度安排的形式纠正环境负外部性的影响，并通过将影响资源配置和企业决策的环境成本内部化，实现提高社会整体福利的目标（赵敏，2013）。由上可知，关于环境规制的定义虽多，但缺乏统一、明确的概念阐述。

为此，本书借鉴已有文献的定义，归纳环境规制应具备的属性与特征如下：①兼具社会与经济两种属性。随着对造成环境污染因素的深入研究，相应的环境规制工具也在不断创新，监管机构通过发放许可证、实行审批制度、控制碳排放总量等一系列规制措施，直接或间接提高企业节能减排标准。因此，环境规制已成为社会性规制和经济性规制共同研究的领域。②环境规制不仅给经济发展增加了约束条件，还能够改变经济发展的路径与方式。③环境规制的内容不仅包括生态环境，还包括自然资源。④明确社会公共机构是环境规制的主体，企业或个人是客体，作用对象是人类生产、生活等社会活动对自然环境造成污染（破坏）的行为。

综上所述，本书将环境规制定义如下：环境规制是社会公共机构以保持、维护和改善生态环境为目的，对企业（或个人）污染生态环境的行为采取的具有强制性、预防性的约束手段与措施。

### 2. 环境规制强度

现有文献中，“环境规制强度”这一概念虽然在经验研究领域应用广泛，但是至今没有一个清晰、完整、明确的定义，这导致不同学者在研究类似问题时，往往会因环境规制强度测度指标选取的不同，得出显著差异化的结论。例如，近年来国内外学者从不同维度对环境规制与经济增长关系进行的研究，就存在三种不同的观点。

第一种观点认为，环境问题属于外部性问题，环境规制的加强会降低企业收益、提高企业成本，从而削弱企业的竞争力，而且环境改善与企业竞争力下降的抵消关系最终会给社会发展带来负面影响（Denison，1979；Gollop and Roberts，1983；Jorgenson et al.，1990；Olga and Grzegorz，2006；张卫东、汪海，2007；应瑞瑶、周力，2006；魏玮、毕超，2011；余菜花、崔维年、李廉水，2015；Millime，2016）。

第二种观点以 Porter（1991）为代表，对第一种观点提出了质疑，认为应该动态地看待这个问题。虽然短期内严厉的环境规制会提高企业的生产成本，但就长期而言，合理的环境规制能够激发企业的创新，通过"创新补偿效应"优化资源配置、提高技术创新能力，进而促进和提升企业绩效与市场竞争力。这一观点也得到一些研究的支持（Xepapadeas and Zeeuw，1999；Jaffe and Palmer，1997；Murty and Kumar，2003；熊艳，2011；沈能，2012；李玲、陶锋，2012；王杰、刘斌，2014；韩晶、陈超凡、施发启，2014；Yin et al.，2015）。

第三种观点认为，环境规制作为经济增长的外部因素，其作用并不是显性的，不能简单认为环境规制与经济增长之间具有因果关系（Walley and Whitehead，1994；段琼、姜太平，2002；Shadbegian et al.，2005；Rubashkina et al.，2015；张成等，2011；陈德敏、张瑞，2012）。

由以上观点可见，在环境规制与经济增长之间的关系方面，现有的实证研究结果并不统一。造成结果差异的原因，除了国别或地区、研究期间、研究方法等方面的不同以外，另一个重要原因可能是环境规制的衡量指标不同。

因此，为利于后续研究，本书参照《中华人民共和国环境与资源保护法》中“环境保护目的”的相关阐述，将环境规制强度定义如下：环境规制强度是对环境规制全过程的量化评价，是对规制工具使用数量、效率、效果及社会影响等诸多因素的综合评定，内容应涵盖对污染物排放的控制水平、污染治理（规制工具）的投入状况、污染对人体健康的影响状况等。

3. 旅游产业

Leiper（1979）最初认为，旅游产业是为了满足游客的特定需求和因需求而存在的所有公司、组织和设施。由于单一旅游产业的观点值得商榷，因此将其更改为“旅游业”（Leiper，2008）。旅游业是否属于产业的问题取决于国家在国民账户中对产业的定义。旅游业按照国际公认的分类标准，根据国家的产业结构制定产业政策。旅游产品是多种商品和服务的混合体，其配置是为了满足游客的需求，并且涉及从运输到零售的多种行业。因此，在建立旅游卫星账户（Tourism Satellite Account，TSA）时，联合国世界旅游组织（The World Tourism Organization，UNWTO）（2000 年和 2001 年）决定将旅游业规范为由国际标准行业分类（ISIC2007）定义的若干个产业部门，表 2-1 中列出了旅游业直接包括的业务范围。

表 2-1　世界旅游组织定义的旅游业

| 旅游业 | ISIC2007 | 描述 |
|---|---|---|
| 住宿 | 55100 | 酒店及类似住宿 |
| | 55202 | 青年招待所 |
| | 55300 | 休闲车辆公园、拖车公园及露营地点 |
| | 55201 | 度假村 |
| | 55209 | 其他节日和其他集体住宿 |
| | 55900 | 其他住宿 |
| | 68209 | 其他出租和经营自己或租赁的不动产 |
| | 68320 | 以费用或合同为基础管理不动产 |

续表

| 旅游业 | ISIC2007 | 描述 |
| --- | --- | --- |
| 餐饮 | 56101 | 持牌餐厅 |
| | 56102 | 无牌餐厅和咖啡馆 |
| | 56103 | 快餐店和流动食品站 |
| | 56290 | 其他食品供应服务活动 |
| | 56210 | 宴会餐饮活动 |
| | 56301 | 特许俱乐部 |
| | 56302 | 公共场所和酒吧 |
| 铁路运输 | 49100 | 城际铁路客运 |
| 陆路运输 | 49320 | 出租车营运 |
| | 49390 | 其他陆路客运运输 |
| 水路运输 | 50100 | 远洋和沿海水上客运 |
| | 50300 | 内陆水上客运 |
| 空中运输 | 51101 | 定期航班 |
| | 51102 | 非定期航班 |
| 运输设备租赁 | 77110 | 汽车和轻型机动车出租和租赁 |
| | 77341 | 客运水运设备出租与租赁 |
| | 77351 | 客运空运设备出租与租赁 |
| 旅行、观光和导游服务 | 79110 | 旅行社的活动 |
| | 79120 | 旅游经营者的活动 |
| | 79901 | 导游活动 |
| | 79909 | 其他预约服务及相关活动 |
| 文化活动 | 90010 | 艺术表演 |
| | 90020 | 艺术表演的相关支持活动 |
| | 90030 | 艺术创作 |
| | 90040 | 艺术设施的运作 |
| | 91020 | 博物馆活动 |
| | 91030 | 历史遗址和建筑物的运作以及类似的游客景点 |
| | 91040 | 动植物园与自然保护区活动 |

续表

| 旅游业 | ISIC2007 | 描述 |
| --- | --- | --- |
| 体育和娱乐活动 | 92000 | 赌博及博彩活动 |
| | 93110 | 体育设施的运营 |
| | 93199 | 其他体育活动 |
| | 93210 | 游乐园及主题公园的活动 |
| | 93290 | 其他娱乐和娱乐活动 |
| | 77210 | 休闲体育用品出租与租赁 |
| 特定国家的特色旅游活动 | 82301 | 展览会和展览会组织者的活动 |
| | 82302 | 会议组织者的活动 |
| | 68202 | 会展中心的出租与经营 |

资料来源：UNWTO。

若从旅游消费者需求的角度来界定旅游产业，它就是一个多产业关联，跨产业、跨部门的复杂经济系统。从其行业分布来看，涵盖餐饮、住宿、交通运输、租赁、通信、仓储、公共管理等多个行业和部门。然而，若从旅游供给角度来看，旅游产业由旅游资源业、旅游景观业和旅游销售业等部门组成，其范畴更加符合经济学规范。基于以上认识，结合产业经济学规范要求，本书从供给侧视角考察旅游产业更切合研究内容。

在已有研究中，部分学者将“旅游业”与“旅游产业”视为同一概念，并未进行明确区分（张朝枝、邓曾、游旺，2010）。因此，本书将旅游产业定义为与旅游观光活动相关的，包含旅行、观光、交通、住宿以及餐饮等内容的产业范畴。

4. 旅游产业结构

“产业结构”一词被应用于经济学领域始于20世纪40年代。Fisher（1935）通过对各经济部门内就业人数变化的研究，指出经济发展存在三个阶段：第一阶段，农业在整个国民经济中占主导地位，它是其他产业得以顺利运行的基础；第二阶段，工业代替农业成为国民经济中的主导产业，制造业和建筑业得到飞速发展；第三阶段，第三产业代替工业成为国民经济中的主导力量，第三产业中的教育、咨询、旅游等服务行业成为经济中最活跃的力量。在“产业结构”这一概念的早期应用中，由于定义并不规范，“产业结构”既被用于描述产业间的联系以及产业的分布状况，又被用于解释产业内企业之间的结构关系，这给相关研究造成了混乱。随着产业经济研究的深入，产业结构的内涵逐渐明确，即产业结构是指国民经济中各产业之间或某一产业内各部门之间的构成比例，以及由此引发的产业（或部门）间技术变动和扩散效应，是国民经济中的关键要素。具体而言，产业结构可以从动态与静态两个维度考察：产业发展理论，动态揭示产业之间以及各产业内部变化规律，被称为“狭义的产业结构理论”；产业关联理论，静态分析特定时期产业间在中间投入与中间产出上产生技术经济联系。产业发展理论与产业关联理论共同构成了产业结构理论。

根据以上分析，本书将旅游产业结构定义如下：本书所研究的旅游产业结构，特指第三产业中为满足旅游者旅游活动需求而提供产品与服务的旅游产业与其他第三产业之间的技术经济联系和比例关系。若按照产业发展理论和产业关联理论进行划分，本书所指的旅游产业结构仅涉及产业发展理论，不包括产业关联理论的内容。

5. 旅游产业竞争力

对竞争行为与竞争力的研究，可以追溯到 Adam Smith（1776）的绝对优势理论。该理论认为，竞争优势来源于生产成本与生产效率的差异。之后经 Ricardo（1817）的比较优势理论、Heckscher（1919）和 Ohlin（1933）的资源禀赋学说，到 Schumpeter（1934）的创新学说和 Solow（1957）的技术进步论，再到 Hamel 和 Prahalad（1990）的核心竞争力理论以及 Poter

（1990）的竞争优势理论，竞争力研究经历了从萌芽、发展到成熟的漫长过程。不同于以往侧重国家层面的研究，Porter从产业层面研究国际竞争力，提出了著名的“钻石模型”。他认为，一个国家某个产业竞争力的决定性因素包括以下五个方面：①产业内生产要素的分布状况；②国内市场的需求水平；③上下游产业生产经营情况；④企业的战略、结构以及竞争对手的表现；⑤政府政策的影响。这一理论的形成奠定了产业竞争力研究的基础。在后续研究中，Boltho（1996）认为，产业竞争力是与外部均衡相容的最大可能的生产率增长。

国内学者对产业竞争力也有诸多的理解。裴长洪（1998）认为，市场的绝对优势与区域的比较优势共同构成了产业竞争力。林毅夫等（1999a，1999b）认为，企业要实现利润最大化以及提升产业竞争力的目标，唯一途径就是形成比较优势。蔡昉等（2003）把产业竞争力理解为一种动态调整过程，其目的是适应所处区域的要素禀赋结构与市场环境，它是比较优势在具体产业中的资源配置状况及效果的整体展现。因此，任何一个国家（或者地区）都可以凭借比较优势获得产业竞争力。随着产业竞争力研究范围的拓展，其外部市场表现日益受到学者的重视。他们认为，产品价格、资本盈利水平、资源禀赋、生产效率、产业规模、产业效率、市场占有率、环境承载及人才支撑等诸多因素共同构成了产业竞争力。产业竞争力的内在本质仍然是对市场份额的追逐，是产业生存与发展能力的重要体现。金碚（2003）将在自由贸易背景下的产业竞争力定义如下：相较其他国家同类型产业，本国产业所具有的能够提供更加有效的产品和服务的一种综合性能力。周燕等（2004）则从宏观、中观与微观等不同层面对产业竞争力进行比较分析，认为只有将产业竞争力定位到中观的产业层面才更具现实意义。在产业竞争优势理论的研究中，国内外学者先后提出了竞争优势理论（Poter，1990）、后发优势理论（林毅夫，2003）等。国内学者张铁男等（2005）对产业竞争力理论研究持有不同的观点。他们认为，国内的相关理论研究起步晚，理论体系还不完备。因此，在实际应用时难免会产生分歧与争议，需要对相关具体问题进行更加深入和广泛的探讨。

综上所述，本书将产业竞争力研究的观点归纳为以下六种。①国家竞争力说。该观点认为，国家因素会对产业（企业）的竞争优势产生影响，竞争力最终将上升到国家层面，表现为国家竞争力。②绝对优势和比较优势说。该观点认为，比较优势及绝对优势是产业竞争力形成的基础。③生产力说。该观点认为，产业竞争力是提供有效商品及服务能力的体现，是产业运营中各种能力的集中显现。④效率说。该观点将产业竞争力理解为同一产业在不同区域表现在生产组织能力、生产经营能力、协同创新能力等方面的差异。⑤资源配置说。该观点认为，产业竞争力来源于对各生产要素资源配置的差异。⑥区域竞争力说。该观点认为，不同区域相同产业的市场地位决定了其市场竞争能力的强弱。以上六种观点体现了对产业竞争力内涵的不同理解，而目前学术界对于产业竞争力的理解并未达成共识。

因此，本书认为旅游产业竞争力应具备以下特点。①综合性。根据上文对旅游产业的定义，旅游产业竞争力是旅游产业定义范围内的所有企业整体竞争优势的体现。②区域性。通过对产业竞争力概念的梳理发现，产业竞争力并不仅限于国家之间竞争优势的比较，还可以被应用于更广泛的区域性市场。因此，本书研究的旅游产业竞争力范围限定为中国省级区域的旅游产业。③周期性。与产业发展具有鲜明的周期特征类似，产业竞争力也表现出较强的周期性。由于产业竞争力本身就是一个动态的概念，因此考察旅游产业竞争力应从属于特定时间周期。旅游产业发展是一个在竞争优势与劣势之间动态调整的过程，区域旅游产业能否保持持续的竞争优势取决于产业中各要素的配置状况。由于本书在后续章节中对产业竞争力的评价主要侧重供给层面的表现，更多的是考察旅游产业中资源要素的配置状况，因此本书所研究的旅游产业竞争力与要素资源配置说的定义相吻合。

产业竞争力与产业绩效的辨析：从两个概念的定义上可知，产业绩效主要是指产业内企业行为使产业获取经济效益的一种状态；产业竞争力主要是指产业及产业内企业持续获取经济利益与竞争优势的能力。因此，在一定程度上可以将产业绩效理解为产业竞争力的一种静态表征形式。

### 2.1.2 相关理论

#### 1. 环境经济学理论

Krutilla（1967）提出的自然资源价值概念，为环境经济学奠定了学科基础。自此以后，越来越多的经济学家开始将环境保护问题纳入经济研究的分析框架中，进而形成了一门经济学与环境学交叉的新兴学科。环境经济学的核心内容就是通过经济规律与方法解决环境污染的治理问题，以实现经济增长与生态环境的协同发展。环境经济学的理论基础为微观经济学和福利经济学。随着经济发展与环境污染矛盾的日益加剧，人口健康状况、资源环境保护水平以及经济发展的可持续性也逐渐被人们重视。资源环境不仅为经济活动提供了资源载体，还为经济行为提供了活动场所。因此，如果经济行为导致的废弃（污染）物产生量超过了自然环境的承载极限和净化能力，那么经济活动将不可持续，经济增长将出现停滞。由此可知，环境资源已成为与现代经济可持续发展密不可分的组成要素。由于生态系统具有明显的外部性特征，因此有必要将环境问题置于人、自然和社会复杂生态系统的统一框架下，结合资源配置行为对其进行分析。环境经济学通过经济学理论分析、解决环境问题的思路与方法，打破了传统经济学与环境科学之间的屏障，拓展了经济学应用的领域。当前，环境经济学的重点研究领域包括资源环境与经济发展的关系、环境资源价值评估、资源再生性问题、跨界环境问题等。

2. 规制经济学理论

Kahn（1970）的代表性著作 *The Economics of Regulation: Principles and Institutions* 的问世，标志着规制经济学正式成为西方经济学中的一个重要分支。规制经济学的核心思想在于通过政府对微观经济主体行为的干预，实现社会整体福利的提升。诺贝尔经济学奖获得者 Stigler（1971）在 *The Theory of Economic Regulation* 一文中采用标准的经济学范式系统地分析、研究了政府的规制行为，创立了规制经济理论。该理论的提出，为巩固规制经济学的理论、完善规制经济学的学科体系奠定了基础。现代西方经济规制理论以 Keynes（1937）的政府干预理论为基础，认为政府对市场经济主体行为的积极干预不仅是解决市场失灵的必要手段，而且影响经济外部性，同时也为社会经济秩序的健康运行提供了必要的保障。对规制理论的研究主要有规范分析与实证分析两个流派，分别解答政府规制行为"应该怎样"与"是什么"两方面的问题。规制经济学以政府规制活动为主要研究对象，随着对规制目的认识的不断深化，相关的规制理论也经过了多次的变迁，目前已经形成了比较完备的理论体系。其发展历程大致分为以下四个阶段：

第一阶段，公共利益规制理论。公共利益规制理论是以市场失灵作为政府规制行为的研究起点（Pigou，1920；Coase，1960），政府等监管机构作为公共利益的代表，通过对市场环境中形成的自然垄断、经济外部性、信息不对称以及"搭便车"等有违公平与效率原则的行为实施干预，进而提高资源配置的效率，实现社会福利水平的整体提高。规范分析的方法贯穿了其研究过程。目前，该理论仍然是规制经济学领域的正统。

第二阶段，利益集团规制理论。与公共利益规制理论的视角截然不同，利益集团规制理论以利益集团整体利益作为考察对象，将政府的规制行为看作利益集团实现利益最大化的手段，进而得出结论——政府的规制行为使社会福利向利益集团转移，而非提高社会的整体福利。利益集团规制理论中具有代表性的观点有规制俘获理论（Jordan，1972）、规制经济理论（Stigler，1971；Peltzman，1976；Becker，1983），以及内生规制变迁理论（Ellig，1991）。虽然以上代表性观点存在差异，但是它们的基本假设（政府对基础性资源有着绝对的支配作用）、研究方法（供求分析法）、基础观点（利益集团寻求规制是为了增加自身利益）一致，因此被统一归纳在利益集团规制理论中。

第三阶段，激励规制理论。激励规制理论克服了传统规制理论中规制者与被规制者之间信息对称假设的缺陷。该理论认为，被规制者比规制者更加了解自身状况，两者之间存在信息不对称，进而形成非对称信息博弈关系。作为一种新的规制理论，它以博弈论、信息经济学等领域的最新研究成果为基础，分析、探讨了企业在利润最大化的目标下，如何通过机制设计的方式来激励企业行为的问题。Loeb 和 Magat（1979）研究了非对称信息条件下政府、垄断厂商以及公用事业单位三者之间的激励相容关系，虽然实现了资源配置的优化，但是也因缺乏公平导致了逆向选择问题。为了解决逆向选择问题，Baron 和 Myerso（1982）提出了存在逆向选择情况下的激励相容模型。该模型将企业价格以及政府对企业的补贴纳入企业的成本报告函数中，把企业利润非负和企业不会谎报成本的激励作为约束条件，解决了 Loeb-Magat 模型的公平问题。Laffont 和 Tirole（1991）将道德风险问题引入“委托—代理”模型中，通过机制设计克服了代理人不努力的道德风险问题。由上可知，实现激励性规制的关键在于机制设计，也就是说，通过对规制过程中的制度安排进行精心设计，使之既能够满足被规制对象的要求，又能够杜绝被规制对象为获取不当利益所采取的投机行为。该理论的提出改变了规制经济学的研究重心，即从“为何规制”转向“如何规制”，它克服了传统规制理论忽视信息重要性的弊端，强调机制设计的重要性。规制理论由此进入一个崭新的阶段，成为现代经济学领域最活跃的分支。

第四阶段，规制框架下的竞争理论。该理论的核心观点为 Baumol 等（1981）提出的可竞争市场理论。他们在区分固定成本与沉没成本对市场可竞争性的不同影响时，对潜在进入者与现有厂商的竞争行为进行了分析。该理论认为，在一个不存在严重进出壁垒的市场中，潜在进入者的威胁能够约束现有厂商的投机行为，并激励他们保持市场效率。也正是由于这个威胁的存在，政府对市场的自由放任策略要优于对市场的规制策略，规制行为的重点可以放在消除妨碍市场竞争和导致低效率的各种障碍上。潜在竞争观点的提出，使可竞争市场理论打破了微观经济学和产业组织理论在研究对象上的传统差别，使该理论能更贴近现实地被应用于规制政策的制定与实践中。

### 3. 产业结构理论

（1）产业结构演变理论。产业结构演变理论的主要代表人物有 Petty、Clark、Kuznets、Rostow、Chenery、Hoffman 和赤松要（Kaname Akamatsu）等；相关理论有“配第—克拉克”定理、库兹涅茨人均收入影响论、主导产业及其扩散理论与经济成长阶段理论、产业结构发展型式理论、Hoffman 产业分类经验标准以及雁行理论。

英国经济学家 Petty（1691）通过研究英国农民与船员的收入发现，船员的收入是农民收入的4倍。因此，他得出结论：农业收入、工业收入、商业收入存在依次递增的关系，这一关系也同样适用于三个产业的附加值。这一论述被称为“配第定理”。该定理首次揭示了产业结构的演进过程与经济发展的基本方向。英国经济学家Clark（1940）按照三次产业分类法，以若干国家的产业变化为依据，分析了劳动力在农业、工业与商业之间流动的规律。其结论是，随着经济的发展与收入的增长，劳动力会依次由第一产业向第二、第三产业转移，进而在三次产业中劳动力占比会呈现第一产业比重下降，第二、第三产业比重依次提高的变化趋势；劳动力在不同产业间流动的原因在于产业间的收入差异。由于克拉克的研究只是印证了Petty的发现，因此这一研究成果就叫作“配第—克拉克”定理。

根据Petty和Clark等的研究结果，Kuznets（1985）仔细挖掘了各国的历史数据。他运用现代经济统计体系，深入探讨了产业结构变迁与经济发展的关系。基于人均GDP份额基准，他研究了总产值变化规律和就业人口结构，揭示了产业结构变化的总体方向，进一步印证了“配第—克拉克”定理。他发现的规律，即产业结构的变化受到人均GDP变化的影响，被称为“库兹涅茨人均收入影响论”。

Rostow（1952，1962，1963）经过深入、细致的研究，先后提出了主导产业及其扩散理论与经济成长阶段理论。他指出，不论在何种经济情形下，保持经济增长的核心因素在于经济主导部门的快速扩张。经济主导部门的迅速扩大会通过与之关联的部门迅速向外扩散，形成主导产业的扩散效应（具体包括前瞻效应、回顾效应与旁侧效应三类）。

Chenery（1986）通过对制造业，尤其是对制造业内部各产业间地位的转换与变动的长期研究，发现了它们之间存在关联效应（包括前向关联和后向关联），这为揭示制造业内部结构转换的机制奠定了实践基础。同时，他还注意到人均GDP、投资率以及市场需求规模对制造业发展的影响较其他因素更显著，而初级品与工业品的输出率对其影响最小。

Hoffman（1931）以霍夫曼比例作为划分工业化的经验标准，霍夫曼比例越低，工业化程度越高。其中，霍夫曼比例的计算公式为 $H$= 消费资料工业净产值 / 资本资料工业净产值。根据这一经验标准，可以将工业化划分为四个阶段。

第一阶段：$4 \leqslant H \leqslant 6$，此阶段的主导产业主要为消费资料工业。

第二阶段：$2 \leqslant H \leqslant 3$，此阶段资本资料工业的增长率超过消费资料工业，同时消费资料工业的比重下降到 50% 以下。

第三阶段：$0.5 \leqslant H \leqslant 1.5$，此阶段资本资料工业的比重与消费资料工业的比重相当。

第四阶段：$H \leqslant 1$，此阶段资本资料工业超越消费资料工业成为主导产业，基本实现工业化。

适应国际市场是产业结构演变的一个重要趋势。一个国家的经济发展需要内外贸易相结合的综合产业结构。日本经济学家赤松要（Kaname Akamatsu，1932）提出著名的雁行理论，即国内产业的发展必须与国际市场紧密相连，从而实现产业结构的国际化。

（2）产业结构调整理论。产业结构调整理论的主要代表人物有 Lewis、Rostow、Hirschman、Vernon、Shinohara Miyohei（筱原三代平）、Kaname Akamatsu（赤松要）等；与之对应的理论分别为二元结构理论、主导产业理论、不平衡发展理论、产品循环理论、动态比较费用说和雁行理论等。

Lewis（1954）在 *Economic Development with Unlimited Supplies of Labour* 中提出了传统农业与现代工业并存的二元经济结构模型，并在这一模型框架下研究了发展中国家的经济问题。他认为，发展中国家存在两种不同的经济体系——传统农业经济体系和现代化工业体系。劳动边际收益的差异促使农业人口不断由农业部门向工业部门转移：一方面通过向流入的农业劳动力支付较低工资；另一方面通过相对于农业部门有更高的劳动生产率的城市工业部门获取超额利润，并不断扩大工业部门以吸收更多的劳动力，待两个部门劳动生产率相等时，二元经济结构转变为一元经济结构，从而实现工农业经济的均衡发展。

在20世纪五六十年代，Rostow（1952，1962，1963）先后发表了*The Process of Economic Growth*、*The Stages of Economic Growth：A non-communist Manifesto*和*Leading Sectors and the Take-off*三部著作，创立了主导产业扩散效应理论和经济成长阶段理论。Rostow以技术标准作为经济成长阶段的分类依据，将经济成长划分为传统社会、“起飞”前准备、“起飞”、成熟、高消费和高质量等六个阶段。他认为，在经济成长的不同阶段，主导产业部门的选择存在较大差异，且主导产业部门会通过回顾（指主导产业部门扩大对为其提供生产资料部门的影响）、前瞻（指主导产业部门对新兴工业、新质量和新能源的诱导作用）和旁侧（指主导产业部门在周边地区社会经济发展中的促进增长作用）影响带动其他部门的发展，不能任意变更主导产业部门序列，由低级阶段向高级阶段发展是所有国家（地区）经济发展的必然过程。

Hirschman（1958）在*The Strategy of Economic Development*一书中指出，发展中国家由于资源短缺，不可能对所有社会部门进行充分投资和发展，只有有限的资源可以投资于特定的产业，通过不平衡的增长，创造驱动增长的发展区域。短缺发展和过度发展构成了不平衡增长。由于现实经济中，大多数国家都处于资源短缺的状态，因此短缺发展成为不平衡发展理论研究的重点。

Vernon（1966）提出的产品循环理论指出，与后工业发展国家相比，主导国家的产业结构演变模式与市场联系更紧密，国内产业结构升级主要依靠国际分工来实现国际一体化。根据这一理论，产品周期可以被划分为以下四个阶段：第一阶段，占据国内市场的新产品开发；第二阶段，扩大出口产品的国际市场；第三阶段，出口资本、技术、产品到国外市场；第四阶段，将国外生产的相对低价的产品转售到国内市场，迫使先进的工业国家放弃该类产品的生产来开发和更新产品。

筱原三代平（1962）的动态比较费用说指出，产品的比较成本并非一成不变，不能用静态的眼光而应该用发展的眼光看待当前产业中某些处于劣势的产业或产品，它们经过一定的时间有可能转化为优势产业。问题的关键在于如何辨析出这些产业中哪些是对国民经济发展产生重要意义的潜力产业，然后通过有针对性的扶持促进该产业的发展。

然而，筱原三代平的理论仅是从理论层面阐释了后发国家的幼小产业可以在国家政策的支持下发展，并没有提出具体的实施路径。赤松要（1956）的雁行理论弥补了筱原三代平研究的不足。根据雁行理论，后发国家可以通过“产品进口—国内生产—产品出口”的发展模式，实现贸易产业的结构升级。由于该模式在图形上形似三只飞翔的大雁，因此被称作“雁行理论”。此后，雁行理论更多地被用来描述后发国家工业化发展的进程。

4. 竞争优势理论

Porter（1990）在 *Competitive Advantage of Nations* 一文中首次提出了国家竞争优势的概念，论述了构成国家竞争优势的核心要素，强调了创新对竞争优势形成的核心作用。他将产业竞争力的构成归纳为四种内部决定因素与两种外部力量，各因素之间既相互关联又相互作用，形似钻石一样的菱形结构，因此该理论也被称作“钻石模型”。Porter 在借鉴和吸收资源禀赋理论、比较优势理论的基础上，认为在国家（地区）的竞争中，自然资源禀赋差异带来的比较优势只是一种暂时的优势，要在长期的竞争中持续获取竞争优势就必须综合多种影响因素，尤其是产业的创新和升级能力对竞争优势的形成起着至关重要的作用。相较传统、静态的资源禀赋理论和比较优势理论，竞争优势理论认为竞争力是一个动态变化的过程。潜在竞争力的基础在于比较竞争优势，而竞争优势才是决定竞争力的关键，是现实竞争力的有力体现和直接来源。因此，竞争优势相比比较优势更稳定持久。可以看出，竞争优势理论是对比较优势理论的补充与完善，二者相互影响，共同构成了产业竞争力，通过竞争优势更充分地反映了比较优势。竞争优势理论是基于产业竞争力的视角进行分析的，对提高产业竞争力具有一定的指导意义。

5. 区位理论

Marshall（1890）首次将边际分析方法应用于价值分析，这为现代规范经济学分析提供了基础的分析范式。同时，他也是最早观察并研究工业集聚的经济学家。他将因专业关联而形成的特定产业集聚区域称作“产业区”，区内汇集了大量存在关联的企业，企业之间相互分工合作，在生产能力大幅提升的同时，这些相互关联的企业形成并获取外部规模经济。Marshall（1920）认为，由于相似性和相关性，具有相同生产属性或上下游相关性的企业可以将其生产集中在同一区域，以便共同享有特定的生产资料，减少了各自的生产环节，缩短了企业的内部链条，从而极大地提高了生产效率。这种由于集聚带来的成本下降、产量增加形成了外部经济效应，为产业集聚的形成奠定了基础。最后，他把形成工业集聚的原因归纳为：中间产品供给的专业性、劳动力资源共享的便利性以及知识溢出的便捷性。以上三个因素成为所有区位理论研究集聚现象的理论基础。

6. 新经济地理学（空间经济学）

Krugman（1991）将经济地理学与传统经济学结合起来，以传统经济学中城市经济学和区域经济学对空间因素的研究为基础，以全新视角重新把空间要素与传统经济问题统一起来，创立了新经济地理学。新经济地理学的兴起不仅带动了空间经济问题研究的发展，也为传统的区位理论研究提供了全新的研究视角和分析工具。新经济地理学以空间集聚和区域经济增长作为研究经济活动的核心内容，以收入转移理论为基础，从经济集聚过程对路径的依赖关系入手，对经济活动空间集聚过程展开分析。在传统经济模型中引入空间概念，改变了传统经济学中固定收益和完全竞争两大基本假设，通过将经济外部性等问题内生化，强调递增的规模报酬、上升的运输成本，以及在区位决策中不完全竞争市场的决定性作用。分析过程更符合现实状况，研究结论更具说服力。同时，Krugman 也注意到区位条件对区域经济发展的重要作用，并以此为切入点展开了对产业集聚的特征和规律的重新探讨与研究。Krugman 认为，有别于传统农业生产，工业生产活动在区域空间内会不断地演化、调整，通过政府政策、人力资本以及技术知识等因素的共同作用在特定的区域集聚。

7. 区域可持续发展理论

1962 年，美国生物学家 Rachel Carson 发表的《寂静的春天》（*Silent Spring*）一书首次指出，长期滥用化学药剂（包括农药、化肥等）不仅会对人类自身造成危害，甚至可能引发巨大的生态灾难，物种的灭绝将导致全世界陷入永恒的寂静。该书一经发表就引起了大众对环境污染问题的关注，同时也引发了学术界对发展模式的反思。人们逐渐认识到，人类社会的发展不能只考虑经济目标，生态环境等其他自然资源对人类的生存与发展同样至关重要。随着对环境污染问题的日益重视，类似“罗马俱乐部”这样的国际性民间学术团体不断涌现，他们对人类未来的发展与命运进行了大量探讨。作为罗马俱乐部的成员，麻省理工学院教授 Meadows

等（1972）发表的名为《增长的极限》（*Limits to Growth*）的研究报告指出，若按照目前的速度和路径（包括人口、资源、环境以及工业化进程）发展，未来的某一时刻，全球资源的承载极限一旦被突破，全世界将被毁灭。Meadows 的悲观观点引起了人们对未来发展的警觉。联合国环境和发展委员会主席 Brundtland 于 1987 年向联合国递交的《我们共同的未来》（*Our Common Future*）报告中，明确定义了"可持续发展"的概念，这为解决环境保护与人类协调发展问题提供了理论基础。"可持续发展"概念一经提出就得到了全世界的广泛认可和支持。1992 年，联合国环境与发展大会通过了《21 世纪议程》（*Agenda* 21），该议程以非法律的形式倡议各国调整当前不可持续的发展模式，共同努力为全球发展留出一条安全通道。该议程现已成为全世界可持续发展的行动蓝图。我国政府根据该议程的内容，于 1994 年制定并通过了《中国 21 世纪议程》，并以此作为我国可持续发展的总体战略与行动纲领，将可持续发展理念落实到中国经济社会发展的所有领域。同时，随着我国经济发展阶段的改变，区域经济发展也出现了许多新问题，诸如区域间经济差异扩大、资源枯竭加速、区域产业结构严重趋同等问题逐渐凸显，我国经济发展面临巨大压力。因此，要解决这些改革发展过程中出现的问题，就必须坚持可持续发展理念，以相关理论作为指导转换发展模式，寻求区域 PRED（Population，Resources，Environment and Development）系统的协调发展。

8. 环境标准竞次假说

"标准竞次"概念首先由 Cray（1974）提出，用以描述立法与监管的困境。环境标准竞次假说的核心观点表明，为了在激烈的竞争中获取优势，一国通过降低环境保护标准或者放松监管力度，获取大量的外部投资并形成产业优势。这一行为对其他国家的相关产业形成了巨大的竞争压力。为了维持竞争优势，其他国家被迫降低本国环境标准与监管力度，最终导致参与竞争的国家竞相放松环境监管力度。尤其是在经济发展相对落后的国家，这一现象更为普遍。经济发展落后的国家有着劳动力资源丰富且廉价、环境成本相对较低、管制宽松等共同特征，这些都为环境污染密集型产业的国际转移提供了可能性。由于微观企业的经营目标是利润最大化，因此在面临环境污染治理成本与处罚成本时，从理性人的角度分析，企业会做出对自身发展最有利的选择。当治理成本大于处罚成本时，企业会选择后者，通过产业的国际转移实现企业成本的最小化。这一行为过程也助推了竞次行为的发生。在我国经济发展过程中，也经历过较长时间的粗放式发展，大量高能耗、高投入、低产出的产业重复建设现象严重，以环境作为经济发展代价的环境竞次行为频发，加剧了我国经济发展与环境污染的冲突。不可否认，在经济发展初期，采用环境竞次的策略与行为可以在短期内实现经济的快速增长。然而，当经济发展由量变阶段向质变阶段转变时，环境竞次行为将严重阻碍经济的健康、可持续发展。

## 2.2 环境规制研究综述

自 18 世纪 60 年代工业革命以来，环境污染伴随着经济的发展在全球快速蔓延。由于生态环境问题与经济增长矛盾的日益加剧，环境污染治理问题已成为环境经济学、循环经济学、产业经济学、制度经济学等众多学科的重要研究内容。

### 2.2.1 环境规制

#### 1. 国外研究

环境规制源于环境污染导致的外部性。对外部性的理解往往因研究目的的不同而不同。Baumol 和 Oates（1975）认为，当某一经济主体的效用函数或者生产函数包含一种非货币性变量时，其价格被其他经济主体所掠取且该经济主体的社会福利没有获得补偿时，就会引发外部性问题。Spulber（1989）则把外部性定义为“在两个当事人缺乏任何相关的经济交易的情况下，由一个当事人向另一个当事人所提供的物品束”。虽然他们对外部性的理解存在差异，但是就环境污染导致外部性的观点已达成共识。因此，环境规制的核心问题在于对外部性形成原因的理解以及与之对应的消除途径，而非对外部性定义的不同理解。

Pigou（1920）认为，个人边际成本、社会边际成本以及两者之间的差异共同构成了外部性。考虑到个人与社会边际成本差异无法通过市场机制自动消除，Pigou 主张以政府征税与补贴的形式消除外部性，即对个人边际成本大于社会边际成本者给予补贴，对个人边际收益大于社会边际收益者进行征税。只要税收补贴金额的大小能够正好抵销由于外部性带来的社会损失，就可以完全实现外部性问题的内部化。这种解决外部性的方法被称为“庇古税”（Pigouvian Taxes）。

Coase（1960）在《社会成本问题》一文中指出，外部性问题的关键在于相互性。Coase 认为，Pigou 将外部性问题归结为一方对另外一方的利益侵占，并以此作为政府强行干预理由的观点的错误在于：为了避免外部性造成的福利损失而对一方的利益造成损害。解决外部性问题的有效途径在于如何实现外部性价值在损害者与受害者之间的合理分配。因此，Coase 认为，对产权界定不清晰是外部性问题产生的根源，正是由于无法明确判断致害企业是否对所造成的损害负有责任，所以无法进行市场化的产权转移和重组交易。同时，他还指出，在产权界定明确的条件下，只要市场的交易成本足够低，且资产的配置效率不受产权的初始配置影响，就可以通过重新组合产权将外部性问题内部化，进而消除外部性的影响。政府的作用在于对初始产权的确定，并为产权的市场交易提供便利。

Baumol 和 Oates（1988）、Gruenspecht 和 Lave（1989）都对 Coase 的产权交易理论提出了质疑。他们认为，通过私人谈判的方式解决外部性问题具有非常大的局限性，使用范围仅限于谈判人数比较少、交易成本比较低的特殊场合。如果外部性问题涉及的范围比较广，不仅谈判的难度大幅增加，还会导致高额的交易成本。

Weitzman（1974）在只有一个阶段的规制过程中，考察了不确定性因素对规制政策制定的影响过程。在该模型中，监管机构并不了解被规制企业污染减排的边际成本以及污染减排的边际收益，仅在从量税与从价税两种政策之间做出选择。研究结果表明，监管机构规制政策的选择基于对企业边际成本曲线和边际收益曲线斜率大小的判断。如果边际成本曲线较边际收益曲线平缓，那么从量税的规制政策要优于从价税的政策；反之，则从价税的政策优于从量税的政策。

Laffont（1977）认为，不确定性可以区分为技术不确定性和信息不确定性。两者之间相互关联、相互影响，增加了监管机构规制政策制定与选择的难度。另外，除考虑到监管机构与企业信息的不对称外，还存在监管机构与产品消费者之间信息不对称的状况。因此，他认为在价格规制与产量规制之外还可以通过对产品价格进行规制来改变消费者的消费行为，以消费者的消费选择促使企业行为发生改变。同时，Laffont 还证明了当监管机构、企业、消费者三者之间同时存在信息不对称时，产量规制总是次优选择；而当信息不对称影响边际成本和边际收益两条曲线的截距与斜率时，对产量的规制则可能比价格规制更优。

Kwerel（1977）的研究表明，在可交易排污许可证和排污费两种不同的规制政策下，企业会采取完全不同的成本申报策略。在此情形下，监管机构仅使用一种规制政策（或者价格，或者产量）无法实现激励企业报告真实成本的目标。他进一步指出，当许可证市场处于完全竞争，且在社会收益函数中，不同生产企业的污染排放存在完全可替代关系时，在监管机构估计的企业边际收益与企业上报的企业成本之间，可以设计出一种补贴与许可证混合的规制策略，以促使企业真实地报告其成本。

Weitzman（1978）在研究价格与产量规制的组合策略时，通过在成本收益曲线中引入二次项形式，分析了组合策略中价格与产量规制权重的确定方法。同时，他得出结论，价格与产量规制的组合政策能够实现社会福利最大化。在一个阶段的规制博弈中，若所有被规制企业的成本呈正向关系，则可以通过增加对产量规制的权重改善规制的效果；当博弈扩展到两个阶段后，监管机构可以运用显示偏好理论在第一阶段激励生产企业报告真实企业信息，而在第二阶段通过所获取的企业信息选择规制政策。

Dasgupta 等（1980）在 Kwerel 的研究基础上指出，在现实中，完全竞争市场与污染排放的完全可替代这两个条件无法实现，因此他们以企业的税务支出作为企业成本报告的代理函数，并以此激励其他企业报告自身的真实成本。在这一博弈过程中，通过机制设计使企业报告真实成本成为其占有策略选择。

然而，作为上述研究的前提——社会福利最大化是监管机构进行规制的目标，以及监管机构的规制政策不受其他规制政策干扰，这两者难以同时满足。首先，社会福利最大化不一定是监管机构或规制者的目标。

Stigler（1971）和 Peltzman（1975）的研究均表明，在俘获理论成立的条件下，规制者的目标将为利益集团的利润最大化服务，而非社会福利的最大化。Maloney 和 Mc Cormick(1982）在对纺织业和金属冶炼业的研究中发现，环境规制等政策为这两个产业的股市带来了超常收益。Pashigian（1984）、Bartel 和 Thomas（1985）等的研究则表明，规制政策会通过成本转嫁的方式使大企业受益、小企业受损。Weingast 和 Moran（1983）扩展了 Peltzman（1976）的监管方法，发现监管机构的监管行为是美国国会对 FTC（Federal Trade Commission）和其他主要环境法规投票时的主要影响因素；在有多个监管机构或规制者的情况下，不同规制政策间往往也存在冲突。Buchanan（1969）在研究垄断性企业行为对社会福利的影响时发现，为避免社会福利的损失，在对企业污染行为进行征税的同时，应对企业的生产实施补贴。因为这些通常由不同的监管机构实施，所以 Buchanan 的研究成为最早涉及监管机构之间合作的文献。Baron（1985）在一个既有环境规制机构，又有价格规制机构的产出模型中发现，污染成本控制的不确定性与监管机构规制目标的冲突将导致最优产出的下降。Mason 和 Swanson（2002）对欧洲环境规制与专利保护的分析显示了规制机构非合作可能赋予企业市场势力。

2. 国内研究

国内对环境规制的研究始于 2006 年，研究主要集中在区域（省级）环境效率和产业（行业）环境效率两个维度。在以区域为视角的研究中，王兵等（2010）认为，环境全要素生产率增长率平均高于市场全要素生产率增长率，资源环境因素对各省份全要素生产率的排名有显著的影响；人均 GDP、FDI、结构因素、政府和企业的环境管理能力、公众的环保意识对环境效率和环境全要素生产率有不同程度的影响。袁鹏和程施（2011）

的研究表明，伴随人均 GDP 的增长，环境效率会呈现先增长后下降的倒“V”形，这一结论正好与传统的环境库兹涅茨曲线含义相反。沈能（2012）认为，由于区域间在经济规模、产业结构以及产能产量等方面存在显著的差异，这导致不同区域之间技术创新对环境规制政策的响应也会有区别，且在同一地区内，技术创新与环境规制之间也有极大的可能性会呈现非线性关系。而在以行业为视角的研究中，韩晶等（2014）认为，虽然我国制造业的环境效率在逐年提高，但与不考虑环境投入与污染负产出情形下的结果相比，仍然存在明显的差距；不仅如此，环境效率在制造业内部还存在显著的行业差异；环境规制强度的提高能够改善制造业全行业的环境效率，两者之间呈现非线性“U”形关系，但不同行业的环境规制强度对环境效率的门槛检验存在差异。王杰和刘斌（2014）认为，环境规制与企业全要素生产率之间呈倒“N”形关系。

### 2.2.2 环境规制强度

环境规制强度是将环境规制的效果量化的结果。目前，实证研究采用的环境规制衡量指标体系主要包括单一指数型与综合指数型两种。

单一指数型指标体系是指以单一的、相同类型的指标构成的指标体系；综合指数型则是指采用不同维度或视角的指标构成的指标体系。单一指数型又可进一步细分为成本型与绩效型。成本型指标主要有：污染减排成本、污染治理投资、监督抽查次数、政府环保支出等（Jorgenson，1990；Jaffe and Palmer，1997；段琼、姜太平，2002；Domazlicky and Weber，2004；Shadbegian et al.，2005；应瑞瑶、周力，2006；张卫东、汪海，2007；Yin et al.，2015；Rubashkina，2015；Millimet，2016）。绩效型指标主要有：主要污染物排放量、排污税费等（Xepapadeas and Zeeuw，1999；Olga，2006；

沈能，2012；韩晶、陈超凡、施发启，2014）。

综合指数型指标主要通过构建指标体系衡量规制强度。构成环境规制指标体系的主要内容有以下几个方面：第一，以规制指数 RI 和水资源保护指数 CI 构建测度环境规制强度的代理指标，这方面的研究有 Murty 和 Kumar（2003）。第二，以污染排放量或治理环境污染投资与工业增加值之比加权，构建环境规制强度测度指标，这方面的研究有魏玮和毕超（2011）、张成（2011）。第三，使用政府对环境规制的产出（包括废水排放达标率、二氧化硫去除率、烟尘去除率、粉尘去除率和固体废弃物综合利用率等）作为环境规制强度测度的主要内容，这方面的研究有李玲和陶锋（2012）、王杰（2014）。第四，使用环境规制的投入（环境影响评价制度执行率、“三同时”执行合格率、已发放排污许可证企业数、当年完成限期治理项目数、关停并转企业数、处理来信数）与政府对环境规制的产出作为环境规制强度测度的主要内容，如熊艳（2011）。第五，以环境规制法律强度指标（受理环境行政处罚案件）、环境规制支撑强度指标（环保科研经费、环保系统实有人数）、环境规制监督强度指标（环境污染信访数）和环境规制方法体系指标（工业污染治理投资完成额、“三同时”执行环保投资额、建设项目限期治理投资完成额、排污费收入、环评执行率和排污许可证发放数）作为环境规制强度测度的核心内容，如陈德敏等（2012）。

总体而言，衡量环境规制强度的方法虽多，但也存在一些问题。首先，指标数据的选择与获取存在困难，只能选取一些替代指标。其次，指标类型相对单一，大多是将同一类型的指标汇集，即便是综合性指标体系，也仅仅是将环境治理投资与污染排放量结合起来考虑（李钢、李颖，2012）。再次，环境规制本身就是一个复杂的系统，标准强度与执行强度均可被纳入指标体系，增加了体系构建的难度，这也对体系的构建提出了更高的要求。最后，一方面是可选指标的多样性，另一方面是指标选取标准的缺乏，导致同一问题的研究因不同指标的选取而得出不同的结论。

## 2.3 旅游产业结构研究综述

### 2.3.1 国外研究综述

由于国外旅游业以市场经济为导向，缺乏政府的参与和主导，因此，对旅游产业结构的针对性研究并不多见。Gee 等（1984）参照美国工业的分类标准将旅游相关产业划分为三个层次：一是产品或服务的供给者，他们与旅游产业具有直接的联系，具体包括航空运输、铁路运输、公路运输、旅行社、酒店（旅馆）、餐饮以及商品零售等；二是旅游辅助机构，主要为旅游产业提供间接的支持，包括酒店管理公司、旅行贸易服务公司、旅游（产品、服务）研究机构等；三是旅游开发机构（组织），主要负责旅游产业的规划、开发、监管以及相关从业人员的教育培训等，包括政府的主管机构、发展规划部门、与旅游相关的不动产开发商以及相关职业教育与培训机构等。Poon（1993）认为，旅游产业结构的实质就是旅游产业价值创造与实现的过程。在这一过程中，存在旅游产品（服务）的生产（提供）者、经销渠道供应者、促进者以及消费者等四类参与者。其中，旅游产品（服务）的生产（提供）者包括景区经营者、交通运输业者、酒店（旅馆）业者以及其他服务提供者；经销渠道供应者包括旅游运营商及服务中介；促进者则以提供金融中介服务的金融业者为主。Chris 等

（1993）在对英国国内的旅行消费进行研究时，将旅游产业结构划分为旅行、餐饮、住宿、购物、娱乐以及其他服务等6项内容。Lapierre 和 Hayes（1994）以加拿大旅游卫星账户（Tourism Satellite Account，TSA）为基础，从消费者的角度重新划分了旅游产业结构，具体包括餐饮、住宿、交通运输以及其他服务等4项内容。Dimitri 和 Debbage（1998）在定义“旅游业”概念的基础上，对旅游产业结构所包含的内容进行了划分。他认为，旅游产业结构应当包括旅游房地产、旅游商品租赁、交通运输服务以及娱乐等内容。Frechtling（1999）在其研究中将旅游产业结构划分为航空客运业、铁路客运业、游艇服务业、汽车租赁业、餐饮服务业、旅行社、娱乐服务、酒店、其他商业住宿服务业与度假屋服务业等9项内容。Chris（2008）以旅游产业发展的特点为依据，将旅游产业结构区分为政府机构、旅游中介、交通运输以及住宿等4项内容。Andersson 和 Getz（2009）的研究表明，受旅游产品制造取向与旅游产业所有制的影响，旅游产业的人员组成、收入结构、成本组成等内容都会出现显著的差异。

关于旅游产业结构优化影响因素的研究，与以上文献研究有所不同。Redman 和 Eadington（1991）从优化旅游产业结构的影响因素出发，以旅游业所处市场的地理位置对旅游业竞争力的影响进行了研究。研究结果表明，档次较低的旅馆、商贩以及旅游中介等提供的商品或服务价格低廉，且商品或服务的属性基本一致。因此，他们之间的竞争虽然激烈，但是比较容易被较大型的私营企业控制。Gössling（2004）在对乡村旅游展开的一系列调查研究的基础上得出，乡村旅游业的发展必须结合当地的人文特点以及风土人情，强调特色开发对乡村旅游业发展的重要性。Pan（2005）从地理位置对旅游产业中的酒店业的影响进行了定量研究。研究结果表明，酒店（旅馆）所处的地理位置是影响消费者选择的重要因素。Christian（2006）在对南非旅游产业发展现状进行研究的基础上，重点考察了旅游产业对该国经济发展的作用。他认为，要想实现旅游产业的发展，在对旅游产业进行规划设计时就必须充分考虑当地的民族特色，通过将当地特有的文化元素融入旅游产业，以独具特色的民风民俗提升当地旅游产业的吸引力。Buhalis 和 Law（2008）在对旅游产业信息技术发展历史数据进行研究时发现，消费行为对旅游产业发展的影响以及科学技术这两方面内容是旅游信息技术研究的重点领域，并由此得出结论——旅游产业的快速发展得益于信息技术的发展与普及。

### 2.3.2 国内研究综述

有别于国外旅游产业以市场为主导的发展模式，政府在我国旅游产业发展过程中长期处于主导地位，对旅游产业结构的调整与升级也更加重视。因此，我国在旅游产业结构领域的研究成果数量及内容相比国外较为丰富。目前，国内对旅游产业结构的研究主要有以下四个方面的内容：

（1）对旅游产业结构的研究。明庆忠、王大悟和魏小安（2000）等认为，旅游产业结构与旅游经济发展结构共同构成了旅游业的产业结构，并在系统论的体系下，构建了一个囊括产业所有制结构、产业组织结构、市场结构、产品结构等多种形式的、泛意的旅游产业结构。甘巧林（2003）、李仲广（2007）等则认为，只有与提供旅游产品（服务）直接相关的行业，如旅游风景区、住宿、娱乐、商品零售、旅行社等，才能被称作旅游业。因此在对其结构的研究中，这些内部行业的比例关系才是研究旅游产业结构的重点。

（2）对旅游产业结构评价体系的研究。吴承照和马林志（2009）认为，作为旅游产业内在成长能力的衡量指标，旅游产业健康度是判断旅游业能否持续、稳定发展的标准。因此，旅游产业健康度必须在旅游产业结构评价体系中有所体现。他们在对上海旅游产业结构的研究中，构建了一个包括旅游产业健康度指标的旅游产业结构评价体系，并以此进行了经验验证。麻学锋（2009）在对张家界旅游产业结构的实证研究中，以旅游产业结构合理化为基础，构建了旅游产业结构高级化指标；结合供给、需求、环境以及生产力发展等因素的影响，构建了张家界旅游产业结构评价体系，并以此为基础对张家界旅游产业发展展开了实证研究。张广海和冯英梅（2013）以旅游产业结构合理化、高级化与旅游产业效益三方面内容，构建了山东半岛的旅游产业结构评价体系，并在此基础上实证分析了山东半岛旅游产业结构对经济增长的影响。刘佳和杜亚楠（2013）从旅游产业集中度、合理化、高级化、产业结构变动率以及产业结构规模度等五个方面，构建了沿海 11 个省区市的旅游产业结构水平评价体系，并以此为被解释变量，对沿海地区旅游产业结构的影响因素进行了经验分析。

（3）对旅游产业结构优化因素的研究。罗明义（2001）、李肇荣和高元衡（2006）的研究结果表明，要素配置、市场需求、技术创新以及政府政策是推动旅游产业结构调整的四个主要因素。王兆峰（2009）的研究结果表明，影响旅游产业发展的因素主要集中在产品供给、市场需求、管理水平以及政策制度四个方面；引起旅游产业结构调整的因素则主要为经营模式和产品结构。崔建励（2012）另辟蹊径，以旅游产业发展的动力机制为出发点，阐释了旅游产业结构。他认为，旅游产业（企业）的创新能力、客源市场以及政府产业政策等因素共同构成了旅游产业结构调整、升级的动力。刘佳和杜亚楠（2013）认为，旅游产业结构调整不仅受经济因素影响，居民消费水平、技术进步、社会发展水平以及人力资源状况等因素也可能影响旅游产业结构的优化升级。

（4）对旅游产业结构升级对策的研究。郭胜（2003）认为：从丰富市场的角度看，多元化的产业结构繁荣了旅游市场、丰富了旅游产品的构成；

旅游产业结构的优化升级，能够促进旅游产业规模化、集团化发展，从而进一步提升经济效益；与产业结构优化升级相适应的是管理水平的提升，促进了旅游企业的经营效率。戴斌和乔花芳（2005）的研究表明，北京市旅游产业优化升级的重点应放在引导旅游消费理念、扩大市场需求、旅游企业跨区域发展等方面。吕宛青（2009）认为，合理的产业布局、可持续的发展模式、协调的产业结构是旅游产业结构优化的前提与标准。同时，他还定义了旅游产业结构优化的范围与内容，主要包括产品结构的优化、产业结构的优化、区域结构的优化。干春晖等（2011）认为，合理的产业结构能够抑制经济波动，而产业结构的高级化发展会引起经济波动。彭冲等（2013）则认为，产业结构合理化与高级化过程共同引起了产业结构的波动。

## 2.4 旅游产业竞争力研究综述

### 2.4.1 国外研究综述

“竞争力”这一概念于20世纪80年代末被引入与旅游相关的研究中。根据旅游行为的特点，旅游业的运转都是围绕旅游目的地展开的，结合国外旅游业发展的高度市场化，对旅游目的地竞争力的研究始终是国外旅游产业竞争力研究的主要领域。从已有文献来看，国外旅游产业竞争力的研究主要从旅游产业竞争力的影响因素、旅游产业竞争力的可持续性以及旅游产业竞争力的提升策略三个方面展开。

1. 旅游产业竞争力的影响因素研究

旅游产业竞争力研究中一个相当重要的研究领域，就是对相关影响因素的分析。从早期将旅游产业竞争力作为一个系统进行分析，到目前将其看作集旅游目的地形象、旅游吸引物及产业支撑为一体的综合体系，旅游产业竞争力影响因素的多维性已成为国外学者的共识。Leiper（1979）在研究中发现，旅游目的地、客源地、旅行线路（路径）、旅游产业自身的发展都会对旅游产业竞争力产生显著的影响。Mill 和 Morrison（1985）的研究表明，区域旅游产业竞争力的各影响因素之间不仅具有空间关联，还具有一定的层级关联，它们共同构成了一个复杂的体系。Canestrill 和 Costa（1991）认为，除旅游市场的占有率外，诸如旅游目的地的承载能力等其他影响旅游产业竞争力的潜在因素，也是旅游产业竞争力的重要组成部分。Ritchie 和 Crouch（1993）以研究旅游产业竞争力的 Calgary 模型为基础，将目的地的吸引力、管理、组织、信息与效率等五个方面的内容作为旅游目的地竞争力的构成要素，并且将旅游目的地吸引力进一步区分为吸引物和威慑因素。经过一系列的后续研究，影响旅游目的地的因素被重新划分为六个方面：核心资源和景点、支持因素、目的地管理、目的地政策、规划和发展，以及确定目的地和附加值的质量。其中，核心资源和景点又可细分为物质环境资源、历史和文化资源、市场关系、重大活动与事件、基础设施等。Mihalič（2000）认为，游客对旅游目的地环境质量的感知是构成目的地竞争力的一个重要因素，且游客的这种感知有别于目的地真实环境质量。而在 Ritchie 的 Calgary 模型中，并没有包括这一重要因素。Enright 和 Newton（2004）的研究表明，除与旅游目的地直接相关的因素外，旅游产业竞争力还包括了诸如旅游产品生产企业、产品生产辅助企业等其他因素。不仅如此，政府的相关政策、法规同样会对旅游产业竞争力产生显著的影响。近些年，国外已有学者从政府视角展开了对旅游产业竞争力的一系列研究。Hjalager（2002）认为，当旅游产业处于革新状态时，立法机构或者政策制定者必须充分考虑不同部门对旅游产业竞争力产生的不同影响。MecGehee等（2006）从1999—2003年美国北卡罗来纳州政府工作人员对旅游产业的态度与认知的研究中发现，随着对旅游产业认知度的加深，政府工作人员对旅游产业的态度日趋积极，他们最关注的方面在于旅游产业对就业的影响、对经济的影响，以及对其他产业的影响。

2. 旅游产业竞争力的可持续性研究

旅游业发展的可持续性是国外研究者关注的另一个方面，且可持续发展观念在很多关于旅游产业竞争力的研究中都有体现。Buhalis（2000）认为，旅游目的地要具备可持续发展的能力，就必须具备长期的竞争优势以及让利益相关者公平获取收益的能力，即旅游产业竞争力应包括当地资源的可持续发展能力。Crouch和Ritchie（2000）指出，最具竞争力的旅游目的地，其发展必须是可持续的，这种可持续性不仅要体现在经济方面和生态方面，还要体现在社会文化、政治等方面，更要体现在能够持续、有效地为其居民创造福利的功能上。Hassan（2000）的研究表明，培育旅游产业竞争力不仅要保持旅游目的地的市场地位，而且要培育其维持旅游资源可持续发展、增加产品价值的能力。在这一观点的指导下，他刻画了一个可持续发展条件下的旅游目的地市场竞争力决定因素图。Simón等（2004）认为，为了使旅游产业竞争力具备可持续性，就必须关注环境的承载力问题，同时应综合考察环境因素与社会文化、经济、心理知觉等因素的关系。Cucculelli和Goffi（2016）以Porter的“钻石模型”为基础，将可持续的目的地旅游竞争力模型的研究内容扩展到支持因素、核心资源与吸引力、目的地政策、规划开发、目的地质量及附加值等六个方面内容。实证结果表明，直接涉及可持续性因素对所有竞争力指标都产生积极影响。

3. 旅游产业竞争力的提升策略研究

Ahmed 和 Krohn（1990）在美国自 1982 年以来国际旅游竞争力持续下降的背景下，研究了政府为提高其旅游产业国际竞争力的政策选择以及政策效果。Hamal 和 Prahalad（1996）在研究丹麦旅游产业竞争力问题时，采用动态分析的研究方法探讨了丹麦旅游产业竞争力的影响因素，并在此基础上提出了相关的战略性措施。Tribe（1997）的研究表明，在旅游产业的发展过程中，竞争对手与消费群体会因产业发展阶段的不同而产生差异，旅游业在其发展的各个阶段有特定的竞争对手和消费者群体。所以，必须有针对性地通过差异化的产品或竞争策略维持和提升旅游产业竞争力。Sadi 和 Bartels（1999）认为，提升旅游产业竞争力的关键因素是发展旅游人力资源，加强人员培训。Go 和 Covers（2000）指出，对旅游目的地实施全面质量管理以及通过降低价格进行产品或服务的促销，是提升旅游产业竞争力的两个有效途径。Huybers 和 Bennett（2003）指出，旅游产业集群有助于区域内资源共享和企业间的合作，这将有利于提升旅游产业竞争力；而旅游产业集群竞争力的主要区域特征是由环境因素决定的。Hem 和 Iversen（2004）从市场营销学的角度出发，认为树立旅游目的地品牌是提升旅游目的地竞争力的必要途径。Mayaka 和 Akama（2007）认为，通过对旅游产业相关人力资源进行科学、系统的培训，能够极大地提高旅游产业的发展质量，这为提升旅游产业的国际竞争力提供了一条有效的途径。此外，Porter（1990）曾指出，产业集群是提高产业竞争力的基本因素。随着全球经济一体化步伐的日益加快，产业集群成为当今产业组织发展的重要特征之一，国外很多学者都认识到产业集群是提升旅游产业竞争力的有效形式。

### 2.4.2 国内研究综述

国内关于旅游产业竞争力的研究，基本是以 Porter 的竞争理论为基础的，研究领域集中在旅游产业竞争力的构成要素、影响因素、提升策略、测度四个方面。

1. 旅游产业竞争力的构成要素研究

张明清和刘超（2000）以竞争优势理论和比较优势理论为借鉴，初步探讨了旅游产业国际竞争力的理论基础，并据此分析了我国旅游产业的市场环境，得出了我国旅游产业发展环境复杂而严峻的结论。万绪才等（2001）从旅游资源（产品）、经济发展水平及其他因素等方面入手，构建了旅游产业国际竞争力综合评价模型。张欣（2002）在辨析区域旅游产业竞争力概念范畴、研究范式的基础上，着重从理论分析的视角研究了旅游产业竞争力指标体系及相关统计方法。宿倩（2004）从城市旅游产业竞争力的现状及其相关理论分析入手，揭示了我国在旅游产业竞争力研究上存在的一些实际问题，并采用分类法对相关的几个理论及核心概念进行了界定，着重对产业竞争力的实质、表现及其形成机制进行了较为系统的剖析。成伟光等（2005）认为，旅游资源及其相关衍生物构成了旅游产业竞争力的核心，它与旅游服务、相关设施等要素构成了旅游产业。盛见（2007）以竞争力的功能性差异作为分类依据，将区域旅游产业竞争力区分为内生资源禀赋竞争力、外生资源禀赋竞争力、市场竞争力、潜在竞争力四个方面，并据此分析研究了不同性质竞争力的变动转化规律。刘中艳和李明生（2013）构建了从“基础、企业、市场、环境”四维视角对区域旅游集群竞争力进行测度的 GEMS 模型。倪向丽（2018）通过聚类分析研究了我国各省份旅游产业竞争力状况。研究表明，影响旅游产业竞争力的主要因素包括经济发展水平、生活环境、公共交通、基础设施、旅游景区、文化修养、服务产业发展水平、经济贸易等八项内容。

2. 旅游产业竞争力的影响因素研究

缪婧晶和王劲松（2002）在供需理论、外部性理论、公司治理理论等多个经济学理论背景下，分析了政府干预对旅游产业国际竞争力的作用并得出结论，政府的干预行为对提升我国旅游产业国际竞争力具有积极的作用。易丽蓉和李传昭（2007）以旅游目的地竞争力模型为基础，构建了区域旅游产业竞争力“五因素结构模型”。他们认为，需求状况、旅游资源、区位条件、旅游支持因素和区域旅游管理等五个方面因素对区域间旅游产业竞争力产生影响并存在差异。曾庆佳（2007）将旅游目的地竞争力的影响因素划分为基础性因素、调节性因素、发展性因素、支持性因素等四类，并从旅游产业集群对这四类因素的影响机制入手，分析了提升旅游目的地竞争力的路径。谭蓉娟（2008）通过对泛珠三角地区旅游产业竞争力影响因素的研究发现，影响区域旅游产业竞争力的主要因素在于经济发展水平和服务水平。樊志勇（2016）分析了互联网对 Porter 的“钻石模型”构成要素的影响。他认为，互联网的普及对旅游产业中的五种力量有着深刻的影响。

3. 旅游产业竞争力的提升策略研究

旅游产业竞争力的提升策略是我国学者研究较多的一个领域。张明清和刘超（2000）指出，必须建立旅游业的区域成本优势和区域竞争优势，强化旅游产业的竞争优势，从而实现云南旅游业的可持续发展，以不断增强整个旅游业的区域竞争力。孙建国（2002）提出，在进行旅游资源开发的过程中，必须树立区域经济合作思想，以联合战略提高中、西部地区旅游产业的竞争力；同时，运用差别化管理策略建立中、西部地区区际旅游经济协调机制。刘恒江和陈继祥（2003）分析了如何通过产业簇群的整体运作，有效地培育和提升上海旅游产业独特核心竞争力。杨小强等（2004）提出在传统旅游模式的基础上，提倡科技理念，依靠科技手段提升广东旅游产业竞争力。李万立（2005）指出，尽快建设完备的旅游产业链是提升中国旅游产业竞争力的根本途径。罗丽丽（2006）依据“钻石模型”，对河南省旅游产业进行了分析与设计，提出了培育与提升河南省旅游产业市场竞争力的措施。李伟清（2006）分析了世博会对以上海为中心的长三角地区的影响，运用 Porter 的产业簇群理论探讨如何以世博会为契机，提升长三角地区旅游产业核心竞争力。彭武运等（2007）构建了旅游产业核心竞争力的“弓弦箭”模型和流程图，指出产业集群化战略和战略联盟等措施是湘西州培育和提升其旅游产业核心竞争力的必由之路。武娟和赵银德（2007）针对我国入境旅游产业现状，提出了提升我国入境旅游产业国际竞争力的对策。石张宇（2008）在分析辽宁旅游产业与竞争现状的基础上，重点研究了 2006 年沈阳世界园艺博览会带来的积极效应对辽宁旅游产业竞争力提升的作用的诸多外在表现形式。王科（2008）介绍了产业整合基本理论，并论述了如何在产业整合理论指导下提高区域旅游产业竞争力。周章（2008）针对旅游景区在产业发展中的重要作用和地位，结合江苏建设旅游强省的产业发展战略，着重对江苏省旅游景区竞争力的提升策略进行了研究。黄岚（2008）根据浙江省旅游业现在和未来竞争的优劣势，提出优化旅游业的生产要素、实施旅游企业战略管理、促进旅游业信息化发展并制定正确的省域竞争与区域合作战略是提升旅游产业国际竞争力的有力方法。王兆峰和黄炜（2008）通过分析我国西部地区旅游品牌竞争现状，提出了一系列促进西部地区旅游产业品牌竞争力提升的战略。

4. 旅游产业竞争力的测度研究

源于对产业竞争力内涵理解的差异，旅游产业竞争力在指标体系构成与测度方法方面也存在显著差别。目前，世界经济论坛（WEF）和瑞士洛桑国际管理发展学院（IMD）是国际公认的、最权威的竞争力评价机构。在竞争力指标选取方面，世界经济论坛主要采用问卷调查方式，瑞士洛桑国际管理发展学院则多采用硬性指标；而在构建指标体系时，二者采用的方法基本一致。在旅游产业竞争力的测度分析方面，国外学者多采用方差分析、因子比较、图形分析和尺度分析等定量方法。Haahti（1986）通过选取旅游风景、文化体验、娱乐、可达性等 8 项指标，分别对英国、芬兰、爱尔兰、澳大利亚等 12 个国家的旅游产业竞争力进行了比较分析，并以此为基础明确了芬兰的旅游竞争地位。Pearce（1997）在对新加坡、马来西亚、泰国和印度尼西亚等国的著名旅游景区竞争力的对比分析中，重点分析了马来西亚沙捞越的竞争优势。Kozak 和 Rimmington（1999）认为，可以用类似业绩的定量指标和其他定性指标共同测度旅游目的地的竞争力，并对两种指标之间的关系做进一步的分析。Dwyerl 等（2000）认为，旅游目的地的成本针对汇率变化做出的相应调整，是影响旅游目的地国际市场的重要经济因素，进而据此构造了旅游产品和服务价格指数体系，并以澳大利亚作为参照，分别对国际上 4 个国家 19 个旅游目的地的价格竞争力进行了测量和比较。Enright 和 Newton（2004）运用重要性业绩分析方法（Important Performance Analysis, IPA）① 对我国香港旅游业竞争力的影响因素进行比较研究。2017 年，*Travel & Tourism Competitiveness Report* 2017

① 该方法在国外是案例分析常用的一种重要分析方法。

公布了对全球 136 个国家的旅游产业竞争力进行综合评价的结果，综合排名前三的分别为西班牙、法国和德国，中国香港与内地分别位于综合排名的第 11 和第 15。此评价系统从旅游政策与法规、旅游业商业环境及基础设施、旅游资源（人力资源、自然资源和文化资源）三个方面选取了 13 个主要指标、58 个子指标。在中国的分项指标中，文化资源和自然景观位居全球前列，分别为第 1 和第 5；在其他诸如信息通信就绪程度、游客服务水平、开放程度、旅游基础设施水平等方面都有不小的提升。最后，报告中还对中国旅游产业国际竞争力的提升提出相关建议：中国应在保障游客安全、优化商业环境、维护自然资源等方面增加投入。

裴长洪（1998）最早提出了国内具有代表性的产业竞争力量化指标体系。郭鲁芳（2000）在旅游产业竞争力的定量研究方面做出了开创性的工作，提出了旅游业国际竞争力的多相测度法。金碚（2001）以企业竞争力的性质为标准，将构成企业竞争力的指标区分为直接和间接两类，直接指标采用可以量化的指标，间接指标则通过调查问卷的形式获取。万绪才等（2001）于国内开创性地提出了旅游产业竞争力综合评价模型，通过该模型，旅游产业国际竞争力被分解为旅游资源与产品条件、社会经济条件和其他方面等三部分内容，并且每个部分又划分出三个层次的内容。陈志钢（2004）以城市旅游的旅游魅力、环境引力、经济实力和旅游潜力 4 个指标，构建了一个两两相互作用的模型框架，并考虑了无形因素对旅游产业竞争力的影响。郭舒和曹宁（2004）从社会福利和旅游发展目的的角度，提出了旅游目的地竞争力的六因素联动模型，阐述了旅游目的地竞争力的形成过程。他们认为，旅游目的地目的地竞争力是由核心吸引力、资格性因素、发展性因素、支持性因素、基础性因素和管理创新因素之间的相互作用形成的。宿倩（2004）基于范式理论提出了城市旅游产业竞争力的分析模型，构建了城市旅游产业竞争力的指标体系，进而采用层次分析法，分别对我国大连、北京、西安、郑州、上海、杭州6个主要旅游城市的旅游产业竞争力状况进行了实例量化比较。谭颖青（2005）分析探讨了旅游产业竞争力研究的现实背景与理论基础，运用层次分析法从三个角度，即旅游竞争业绩、旅游竞争潜力和旅游竞争环境支持力，对区域旅游产业进行了评价。韦梅（2006）采用竞争力理论、区域经济学理论以及旅游学等领域的相关理论，对大湄公河次区域旅游产业竞争力进行理论探讨。在研究方法上，韦梅采用定性研究与定量研究相结合的方式，建立了旅游竞争力分析模型和指标体系，以此对区域旅游产业竞争力进行横向比较分析。徐春辉等（2007）将电子商务的应用纳入Porter竞争理论中，构造了电子商务背景下的旅游产业竞争力钻石模型，并提出了旅游电子商务对旅游产业竞争力提升的作用机制。刘中艳和罗琼（2015）从旅游营运业绩、旅游资源及交通条件、旅游服务人员及设施、旅游环境基础四个方面，构建了湖南省地级市城市旅游竞争力评价体系，他们的研究表明，旅游竞争力在城市之间存在明显的区域差异。王恩旭等（2016）运用标准离差法、G1法和DEA法构建旅游机场竞争力与效率耦合系统度评价模型，分析了我国22个旅游机场的竞争力。邹泉（2018）运用投入产出模型计算了2015年中国31个省区市的旅游竞争力。结果表明，2015年全国旅游竞争力排名前三位的分别是上海、广东和北京。

综上可知，现有文献对旅游产业竞争力的研究虽然已经比较丰富，但是关于中国旅游产业竞争力的研究往往没有考虑环境因素的影响。事实上，旅游业的发展同其他工业产业的发展并无本质差别，同样依赖环境资源的使用和耗费，大众旅游活动对环境资源及其他物质资源的过度消耗同样会对经济发展构成压力（周振东，2001）。既然旅游业也高度依赖环境资源，那么环境质量的高低自然对旅游业的发展产生重要影响（Marcouiller，1998）。Mihalič（2000）认为，不能忽视环境质量因素对旅游竞争力的影响，他建议目的地管理者通过目的地环境形象的营销影响潜在的旅游者。

## 2.5 环境规制与旅游业竞争力关系研究综述

在环境规制和旅游产业竞争力之间的关系研究方面，现有文献主要从两个方面展开：一是旅游者对环境的态度对旅游目的地选择的影响；二是旅游目的地环境管理行为对旅游产业竞争力的影响。对旅游者态度的研究显示，游客对目的地环境风险的认知是不同的，并且显著影响对旅游目的地的选择，即游客喜欢选择那些环境好的地方。在旅游目的地环境管理行为的影响方面，一些研究表明，环境管理的影响是双重的，一方面会增加旅游目的地的运营成本，另一方面有助于提高旅游竞争力（Huybers and Bennett，2003；Artal-Tur and Kozak，2015；Andergassen et al.，2017）。

总之，现有研究主要是从旅游的供需双方出发，研究环境与旅游产业竞争力的关系，并未涉及政府的环境规制行为对旅游产业竞争力的影响。关于环境规制对企业或行业竞争力的影响，存在三种截然不同的观点：第一种观点认为，环境问题是外部问题，加强环境规制会降低企业的收益、增加企业成本，从而削弱企业竞争力，即环境改善与企业竞争力下降之间呈正向关系，最终会对社会发展产生负面影响（Denison，1979；Gollop and Roberts，1983；Jorgenson and Wilcoxen，1990）。不同于第一种观点，以Porter（1991）为代表的第二种观点认为，应该动态地对待这个问题。短期内，严格的环境规制会增加公司的生产成本；但从长远来看，合理的环境规制可以刺激公司的创新。通过环境规制的创新补偿效应，能够优化资源配置，提高技术创新能力，进而提升企业绩效和市场竞争力。这一观点也得到了一些研究的支持（Jaffe and Palmer，1997；Xepapadeas and De Zeeuw，

1999）。第三种观点认为，环境规制是经济增长的外部因素，其作用不是显性的，不能简单地认为环境规制与经济增长或企业竞争力之间存在因果关系（Walley and Whitehead，1994；Shadbegian and Gray，2005）。

近年来，中国政府开始重新审视环境与经济之间的关系，寻求可持续的经济增长模式。可以预料的是，中国的环境规制程度将日趋严厉，这必然对包括旅游业在内的众多行业产生重大影响。旅游是人们通过对自然景观与人文景观的"消费"，获得精神愉悦（或满足）的活动。故而，旅游业的发展不仅离不开核心资本、劳动力等要素的投入，而且离不开相关产业的投入以及外部的市场环境，更离不开对自然景观与人文环境的维护与建设。环境污染与生态资源的破坏直接威胁到旅游业发展的根基（Pezzullo，2007）。因此，环境规制政策对旅游业发展的影响不容忽视。

具体到旅游业的竞争力，环境规制同样存在成本效应和创新补偿效应。一方面，随着环境规制力度的加大，旅游企业的经营成本将会增加。随着环境标准的提高和规制政策的执行，对景区环境质量的要求也将相应提高。因此，环境规制将给旅游企业增加一定的成本负担（Inoue and Lee，2011）。另一方面，由于环境标准的提高，旅游业准入门槛可能相应提高，这有助于具有强大竞争力的旅游企业进入该行业，从而使管理变得更加细致，旅游服务质量更高（Hjalager，1997）。另外，环境规制的提高可能会促进旅游企业的创新，从而提升其市场竞争力。

## 2.6 旅游产业结构与竞争力关系研究综述

在旅游产业结构与竞争力关系的研究方面，国内外对旅游产业结构研究的侧重点不同。国外文献中鲜见从旅游产业结构视角展开的产业竞争力研究；而国内相关文献中，涉及旅游产业结构的研究多与旅游经济增长相关联，通过旅游产业结构研究旅游产业竞争力的文献也十分鲜见。为此，本书借鉴 Chenery（1986）的工业化阶段理论以及 SCP 范式中的市场结构影响企业绩效的相关论述，结合 Smith（1776）的绝对优势理论、Ricardo（1891）的比较优势理论以及 Porter（1990）的竞争优势理论，认为旅游产业结构的高级化与旅游产业竞争力呈正相关性。也就是说，各省区市旅游产业结构的高低差异会导致本地区旅游产业竞争力同向变化。

从偏宏观（宏观或中观）的视角来看，竞争力的影响因素主要来源于市场的运行效率。竞争力提升的过程通常伴随着产业结构的升级。从生产要素的技术含量视角来看，根据技术含量的高低可以将产业构成要素划分为初级和高级两种；同理，从生产要素的专业化程度来看，可以将产业构成要素划分为一般性与专业性两种。产业竞争力的提升与产业结构的升级，其实质都是产业构成要素从初级到高级、从一般到专业的转化过程。Porter 的竞争优势理论认为，竞争优势的形成受要素资源禀赋、市场需求、行业内部的竞争强度、支撑产业的发展水平以及政府政策的影响。因此，通过对上述五种力量的剖析可以看出，这五种力量的相互作用为产业结构的升级以及竞争力的提升提供了动力源泉。

## 2.7 文献述评

环境规制、产业竞争力是近年来产业组织研究的热点与核心领域。在各自的研究领域，相关的文献已十分丰富。然而，在丰富的研究文献背后，相关概念的测度，尤其是环境规制强度的测度，一直是相关经济理论研究的一个障碍。由于概念定义的缺乏以及研究目标的差异与数据的可获取性，导致研究结论出现显著差异。

为了给后续的研究奠定理论基础，首先，本书对所涉及的核心概念、相关经济理论以及主要研究对象之间的理论关系进行了系统的梳理与总结，较为清晰地勾勒出环境规制理论、环境规制强度的测度理论、旅游产业结构理论以及旅游产业竞争力理论的发展脉络。其次，紧扣本书的研究主题，以旅游产业竞争力的相关研究作为切入点，分别对环境规制强度、旅游产业结构、旅游产业竞争力的相关文献进行了归纳和总结。主要有以下几点收获：

（1）环境规制理论在产业组织理论发展中，由解决外部性问题的创新分析思路逐渐发展为理论与实证相结合的研究体系。研究方法也由最初的外部均衡理论、一般均衡理论拓展为委托代理及机制设计等全新的研究范式。具体到环境规制对经济增长的影响时，环境规制强度的测度方法也由最初的通过单一指标判断环境规制是否有效的定性研究，发展成为通过多指标直接或间接测度环境规制强度及其变化趋势的定量研究。在吸纳与借鉴博弈论、交易费用理论、竞争理论、创新理论、信息经济理论等研究成果的基础上，环境规制理论的研究领域获得了极大的拓展。与可持续发展理论、结构理论以及竞争理论等的紧密联系，奠定了环境规制理论和相关经验结论在可持续发展理论研究中的基础地位。同时也应注意到，在已有的环境规制理论研究中，环境规制强度的内涵与测度方法在学术界尚无定论。不同的研究目标以及指标体系构成要素的不同选择，都给相关问题的研究结论带来了不确定性。

（2）通过对旅游产业结构与旅游产业竞争力相关文献的梳理，有以下几点发现：

第一，在旅游产业竞争力领域，国内文献研究的框架、内容及方法与国外相关研究的发展历程基本一致。虽然研究的时间存在滞后性，但是在2010年以后，旅游产业竞争力的相关研究方法已经与国外高等级期刊保持一致，体现出对中国旅游产业竞争力的研究也是国内关注的热点。然而，由于旅游产业竞争力的研究目标不同，其量化指标也是各有利弊，很难统一，所以量化指标的选择成为旅游产业竞争力实证分析的重点。

第二，在旅游产业结构领域，国内文献研究的框架、内容及方法与国外相关研究形成了比较鲜明的差异，极具中国特色。对旅游产业结构的影响分析也反映出中国旅游产业发展与国外旅游产业发展的差异。国外旅游产业结构的调整与优化更多地受市场机制的影响，对旅游产业结构的研究更加注重社会制度、经济形态、文化内涵以及制度等因素的影响。有别于国外旅游产业以市场为主导的发展模式，政府在我国旅游产业发展过程中长期处于主导地位。为此，我国在旅游产业结构领域的研究成果数量及内容相比国外虽较为丰富，但仍然存在不足之处：①理论研究方面。现有研究多是以旅游市场需求为导向来分析旅游业发展的影响因素以及影响过程的。然而，在当前供给侧结构性改革背景下，旅游产业的有效供给、供给与市场需求的匹配程度都要求产业结构进一步优化、调整，这些都亟须相关的理论支持。②理论实践方面。虽然相关的实证（经验）研究颇多，但研究方法多为国内不同城市之间旅游产业的对比分析，缺少对全局性的、全国范围内的相关问题的研究，尤其是在当前供给侧结构性改革背景下，从旅游供给视角对旅游产业结构的研究。

第三，国内外文献中，对旅游产业结构对旅游产业竞争力影响的研究基本没有。已有文献中关于旅游产业竞争力的研究多以企业行为、市场需求、经济形态等为基础，探讨旅游产业竞争力的构成、影响因素及提升策略。

（3）产业结构理论作为本书联系环境规制与旅游产业竞争力的纽带，其演进和拓展与中国旅游产业的发展紧密联系。有别于国外旅游产业以市场为主导的发展模式，政府在我国旅游产业发展过程中长期处于主导地位。因此，基于旅游产业结构的研究为本书奠定了丰富而翔实的理论与实证基础。

（4）在已有文献中，鲜有对环境规制与旅游产业竞争力作用机制与路径的研究。理论上，环境规制对旅游产业竞争力既可能存在正向影响，也可能存在负向效应。然而，在经验研究方面尚缺乏针对环境规制对旅游产业竞争力影响的定量分析。

# 3 环境规制强度、旅游产业结构及旅游产业竞争力的测度与分析

本书研究的主体——环境规制强度、旅游产业竞争力以及旅游产业结构都没有现成可得的数据。因此，需要对这三个主要的分析对象进行量化测度。为此，借鉴裴长洪（2002）的测度指标选取原则，根据研究需要确定测度指标的要求如下：

（1）客观性，即在选择指标的过程中，应尽量不受主观因素的干扰，客观评价指标的经济含义，并据此对指标进行取舍。

（2）可行性，即应当采用可以连续获取有效数据的指标，对不能连续获取有效数据的指标只能舍弃。

（3）可比性，即指标体系中的所有指标都应当去除量纲、地区以及规模效应，以便同一指标在不同区域间可以比较。

## 3.1 环境规制强度的测度与分析

一个合理的环境指标系统必须具备以下特征（Rainer，2000）：对时间变化敏感且受政策影响；基于环境报告制度，具有相同的统计基础；可

复制性。基于此原则，在现有的综合指数法的基础上，本书根据文献综述部分对环境规制强度的定义，按照彭聪和袁鹏（2018）的方法构建了一个新的指标体系，用以测度我国省级地区的环境规制强度（Environmental Regulation Intensity, ERI）①。与以往综合指数型指标的构建方法不同，该指标体系从环境治理的措施、影响与效率三个方面入手，选取比较有代表性的 21 个指标，内容涵盖行政、经济、排放、健康以及效率等方面。该指标体系的优点在于：内容范围广泛；以常见的环境规制工具为基础，以规制的影响或效果为补充，并考虑了环境规制的效率因素，指标选取覆盖环境规制的全过程，符合系统论的要求。

### 3.1.1 指标体系构建

环境规制主要通过界定环境资源的产权、对环境资源的合理定价以及污染者付费制度来纠正市场失灵，实现环境资源的可持续利用。环境规制是包括制定、执行、评估和修正等环节在内的统一整体。其中，对环境规制效率的评价是制定环境规制政策的基础。在环境治理的实践中，有两个基本要素：一是环境规制的路径，二是环境规制的措施。目前，环境规制的路径从早期末端治理的被动治理模式开始转向源头控制与末端治理相结合、预防与治理兼顾的全过程控制的治理模式（刘伟明，2014）。在环境规制工具方面，主要可分为“命令—控制”式的行政型规制工具和市场激励式的经济型规制工具两种（Weitzman，1974）。前者主要表现为政府制定法律法规，确定规制的目标与标准，运用行政力量来控制污染排放和治理环境；而后者通过排污费征收、罚款等措施将污染的外部成本内部化，

① 在数据可得的情况下，该指标体系也可以用于测度更低区域层次（如市、县）的环境规制强度。

让企业根据“成本—收益”的比较进行排放决策。无论是行政型规制工具，还是经济型规制工具，都在环境治理实践中得到了广泛应用。

按照《中华人民共和国环境与资源保护法》的规定，环境保护的目的与任务既包括了保护资源环境，也包括了保护人民健康。因此，按系统论与全过程控制理论的观点，要对环境规制的强度进行评价，不仅要将环境规制工具纳入指标体系，还应当兼顾考虑环境规制带来的影响，即事后的效果，以及环境治理过程中由工具运用向结果转化的效率因素。因此，本书在构建环境规制强度测度体系时，对环境规制的措施、影响与效率三方面因素进行综合考虑。首先，在源头控制与末端治理两种规制思路的基础上，对具体的规制工具进行了区分，构建了行政类与经济类两类指标；其次，将环境规制的影响进一步细分为环境影响和健康影响，并在此基础上构建了排放类与健康类测度指标；最后，以工业排放物的达标率与综合利用率等相关指标作为反映规制工具运用效率的代理变量，构建了效率类指标。本书的环境规制强度测度指标体系的构建原理如图 3–1 所示。

由图 3–1 可知，在规制思路方面，将环境治理区分为前端预防和末端治理两种模式，每种模式下均包含了经济类指标和行政类指标。以下对两类指标的子项组成进行说明。

经济类指标包含 R&D 经费投入、突发环境事件罚款、污染损害赔款、排污费征收、环境污染治理投资 5 个分项指标。这些分项指标在已有研究中属于成本型指标。以上 5 个分项指标取值越高，说明环境规制水平越高，故为正指标。

技术创新能够通过提高要素生产率、降低废弃物排放水平来促进环境质量的提高。因此，R&D 经费投入作为衡量技术创新的指标，对污染控制而言属于前端预防（王鹏、谢丽文，2014）。

突发环境事件罚款与污染损害赔款都是环境治理过程中对环境污染事

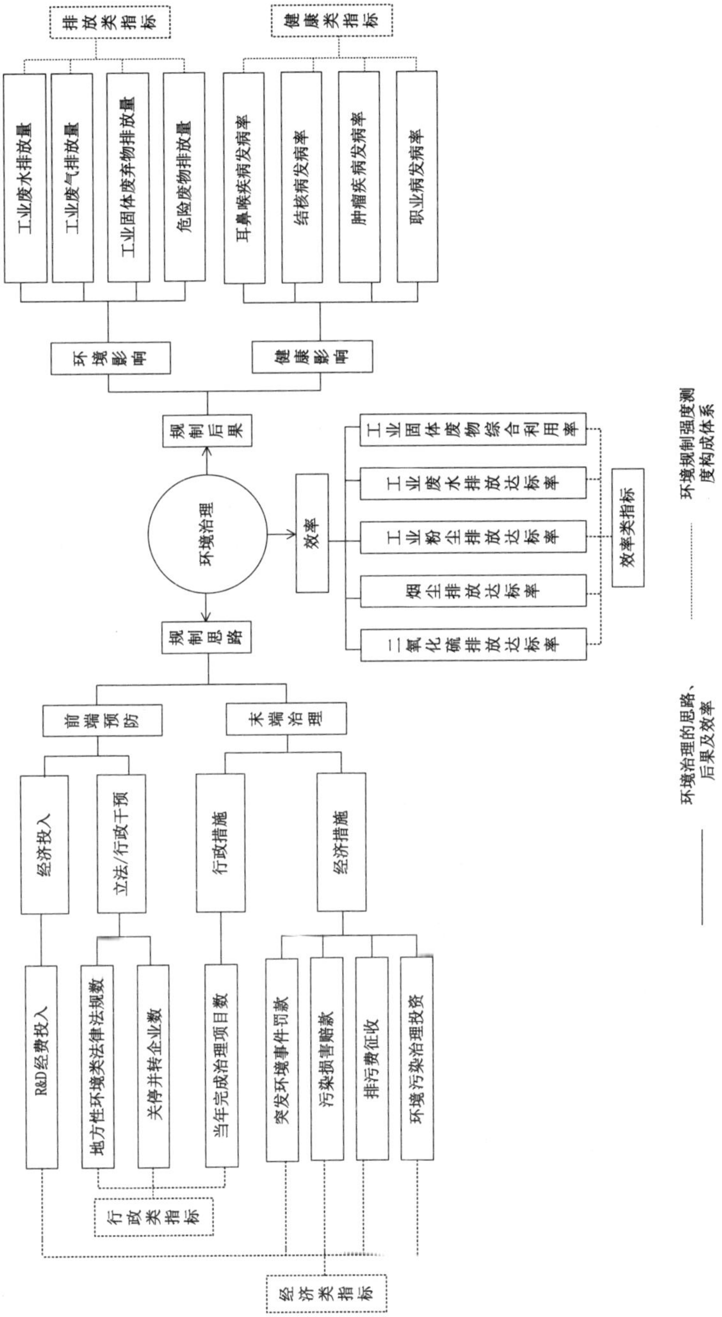


图 3-1　环境规制强度测度指标体系构建原理

资料来源：笔者整理。

件发生后做出的处罚措施。因此，本书将其归入环境规制的末端治理。

征收排污费是我国尝试利用经济激励手段治理环境的主要政策。排污费是排污单位对污染环境造成损害的补偿，是对排污行为的末端约束。因此，排污费征收亦作为末端治理工具被广泛使用（马中，2006）。Jiang 和 McKibbin（2002）、李永友和沈坤荣（2008）、Jin 和 Lin（2014）的研究均表明，征收排污费对实现污染减排具有积极作用。

环境污染治理投资作为环境规制的重要手段，其内容包括老工业污染源治理、建设项目“三同时”与城市环境基础设施建设三部分①。因此，从其使用目的来看，环境污染治理投资是典型的末端治理工具。

行政类指标包含能够连续统计的 3 个分项指标，分别是地方性环境类法律法规数、关停并转企业数、当年完成治理项目数。这些分项指标属于成本型指标，亦为正指标。

地方性环境类法律法规数由涉及环境的地方性法规、地方政府规章及地方司法文件三个部分组成。根据我国“统一监管和分级管理”环境治理体制，国家层面的环境立法、行政规章是所有地区均要遵从的制度安排；在行政层面上形成的地方环境规制差异则主要集中在地方环境立法、行政规章及地方司法文件三个方面。良好的法制环境可以从制度层面有效制约污染企业，使其与地方政府形成政企合谋（梁平汉和高楠，2014），且地方政府主导的环境行政规章的实际效力可能远优于由地方人大制定的地方环境法规（李树和翁卫国，2014）。该项指标属于典型的命令控制型指标。

当年完成治理项目数虽然无法反映经济投入的多少，但是能反映政府对环境治理的关注程度，因此也是环境治理的非显性指标。本书将其归入末端治理的行政措施。

---

① 我国环境统计年报中指标说明部分。

企业关停并转是我国优化工业结构、整顿企业的一项行政措施，通过关停企业来达到减少污染的目标，是环境规制的非显性指标。这一规制工具具有两重属性：一方面，通过对技术工艺落后的企业实施主动的关停并转措施，以达到减少污染的目的；另一方面，对现有污染严重的企业实施惩罚性措施，通过关停并转该类型的企业实现对污染排放的控制。按照2015年12月9日国务院常务会议中对关停并转企业的分类指导意见的相关内容，本书将其归为前端预防措施。

在污染治理的影响方面，本书主要考虑了对环境的影响和对人类健康的影响，这两类影响分别用排放类指标和健康类指标来衡量。

排放类指标包括：工业废气排放量、工业废水排放量、工业固体废弃物排放量、危险废物排放量等4个子项。这些指标在已有的研究中被广泛使用（Olga，2006；沈能，2012；韩晶、陈超凡、施发启，2014）。环境规制对环境的影响源于工业污染排放量的变化，因此污染物排放水平可以衡量规制强度的大小。一般认为，规制的强度越大，减排的效果越明显，排放水平越低。Jin 和 Lin（2014）的研究表明，对污染总量的控制能有效降低污染强度。该类指标取值越高，表示环境规制水平越低，故为逆指标。

健康类指标反映了环境规制对人群健康水平的影响，这实际上是由规制的环境影响派生出的影响。一般认为，环境规制强度越大，污染物排放受到的抑制越强，由此造成的健康损失就越小。本书选取了与环境污染关系密切的四类疾病的发病率作为对人群健康影响的评价因素，即耳鼻喉疾病发病率、结核病发病率、肿瘤疾病发病率以及职业病发病率4个子项。受大气污染影响，空气中有害物质的增加导致过敏性鼻炎、哮喘、过敏性皮炎等过敏性疾病的发病率显著增高（薛飞等，2009），呼吸系统疾病的人数和肺癌等肿瘤疾病发病率增加（陈硕、陈婷，2014），以及心血管疾病患者的死亡率显著增高（He，2013）。直接或间接饮用受污染的水源，都会吸收水中的有毒有害物质，给人体造成伤害。职业病是劳动者在工作中因接触有害物质而引起的疾病。这些有毒有害物质均产生于生产过程中，其直接受害群体为生产作业人员，与因环境污染而遭受伤害的居民一样，其受伤害的来源一致。本书将环境因素对人体健康的影响纳入对环境规制强度的测度中，这在该领域的研究中尚属首次。由于环境因素对人体健康的影响与环境规制强度呈负向关系，因此这类指标为逆指标。

效率类指标反映了环境治理过程中，规制目标与规制后果之间的转化效率问题，这在一定程度上也能反映出规制工具的执行情况。一般认为，环境规制强度越大，污染物排放合格率就越高，故此类指标为正指标。本书选取了与此相关的 5 个指标作为对效率的评价因素，即二氧化硫排放达标率、烟尘排放达标率、工业粉尘排放达标率、工业废水排放达标率以及工业固体废物综合利用率。这 5 个分项指标均为正指标。在熊艳（2011）、李玲和陶锋（2012）、王杰和刘斌（2014）等的研究中，均使用这 5 个指标作为构建环境规制强度测度体系的组成部分，具体如表 3–1 所示。

表 3–1　环境规制强度指标体系

| 目标层 | 一级指标 | 二级指标 | 二级指标的取值说明 |
|---|---|---|---|
| 环境规制强度（*ERI*） | 经济类指标 | 突发环境事件罚款（+） | 突发环境事件罚款金额 / 地区生产总值 |
| | | 污染损害赔款（+） | 污染损害赔偿金额 / 地区生产总值 |
| | | 排污费征收（+） | 排污费征收金额 / 地区生产总值 |
| | | R&D 经费投入（+） | 区域内全社会 R&D 经费投入 / 地区生产总值 |
| | | 环境污染治理投资（+） | 环境污染治理投资 / 地区生产总值 |
| | 行政类指标 | 地方性环境类法律法规数（+） | 涉及环境的地方性法规、地方政府规章及地方司法文件总和 |
| | | 当年完成治理项目数（+） | 当年完成治理项目数 / 地区生产总值 |
| | | 关停并转企业数（+） | 因环境问题关停并转企业数 / 地区生产总值 |

续表

| 目标层 | 一级指标 | 二级指标 | 二级指标的取值说明 |
|---|---|---|---|
| 环境规制强度（*ERI*） | 排放类指标 | 工业废水排放量（–） | 工业废水排放量 / 地区工业增加值 |
| | | 工业废气排放量（–） | 工业废气排放量 / 地区工业增加值 |
| | | 工业固体废弃物排放量（–） | 工业固体废弃物排放量 / 地区工业增加值 |
| | | 危险废物排放量（–） | 危险废物排放量 / 地区工业增加值 |
| | 健康类指标 | 耳鼻喉疾病发病率（–） | 耳鼻喉疾病治疗人数 / 地区人口数 |
| | | 结核病发病率（–） | 结核病治疗人数 / 地区人口数 |
| | | 肿瘤疾病发病率（–） | 肿瘤疾病治疗人数 / 地区人口数 |
| | | 职业病发病率（–） | 职业病治疗人数 / 地区人口数 |
| | 效率类指标 | 二氧化硫排放达标率（+） | 二氧化硫排放达标率 |
| | | 烟尘排放达标率（+） | 烟尘排放达标率 |
| | | 工业粉尘排放达标率（+） | 工业粉尘排放达标率 |
| | | 工业废水排放达标率（+） | 工业废水排放达标率 |
| | | 工业固体废物综合利用率（+） | 工业固体废物综合利用率 |

注：表中“+”和“–”分别表示正指标和逆指标。

至此，本书构建了涵盖经济类、行政类、排放类、健康类与效率类五个方面，包括 21 个二级指标的环境规制强度测度指标体系。该指标体系遵循了三个原则：第一，所选指标必须能够反映客观现实，同层级指标之间互补或关联，不同层级指标相互兼容；第二，所选指标数据均可连续观测；第三，所有指标均进行了单位化、标准化、无量纲化处理，形成相对指标。

### 3.1.2 评价方法

在上述指标体系的基础上，还需要采用适当方法进行处理，才能计算出环境规制强度指数。首先，在消除地区规模效应的基础上，对所有数据进行标准化处理，去除量纲的影响。其次，由于有些指标为正指标，而有些指标为逆指标，两类指标的指向意义是相反的，因此，我们采用改进的功效系数法对各指标进行了正向化处理。根据式3–1、式3–2，分别对正指标和逆指标进行处理，将各指标统一为1 ～ 100的无量纲化数值。

$$X_{ij}=\frac{x_{ij}-\min(x_{ij})}{\max(x_{ij})-\min(x_{ij})}\times 99+1 \quad （X_{ij}\text{ 为正指标}） \quad （3–1）$$

$$X_{ij}=\frac{\max(x_{ij})-x_{ij}}{\max(x_{ij})-\min(x_{ij})}\times 99+1 \quad （X_{ij}\text{ 为逆指标}） \quad （3–2）$$

其中，$i$表示各项指标；$j$表示各省级地区；$x_{ij}$表示指数化的$j$地区$i$指标的真实值；min（$x_{ij}$）、max（$x_{ij}$）分别表示取$x_{ij}$的最小值和最大值；$X_{ij}$为指数化后的数值。

将上述指标体系整合为一个综合性的环境规制强度指数，需要确定每个指标的权重。本书采用熵权法确定各指标的权重。根据信息论中对信息熵的定义，信息熵$E_j=-\ln(n)^{-1}\sum_j^n(p_{ij}\times\ln p_{ij})$是对信息不确定性的量度。其中，$p_{ij}=\frac{X_{ij}}{\sum_l^n X_{ij}}$为$X_{ij}$出现的概率；$\ln(n)^{-1}$为调节系数，$n$为指标总数。若$p_{ij}=0$，则定义$\lim\limits_{p_{ij}\to 0}(p_{ij}\times\ln p_{ij})$。据此计算出各指标的信息熵$E_1$，$E_2$，…，$E_j$，再通过信息熵计算各指标权重（$W_i$）：

$$W_i=\frac{1-E_i}{\sum(1-E_i)} \quad （i=1，2，…，j） \quad （3–3）$$

熵权法以指标变异程度带来的影响作为衡量权重的依据。指标的信息熵$E_j$越大，表明指标值的变异程度越小，提供的信息量越少，在综合评价中所能起到的作用也越小，其权重也就越小；反之亦然。因此，熵权反映的是各指标的区分度，而非重要性。

通过对各地区2007—2016年数据的计算，得到一级、二级指标的历年权重。在确定指标权重后，利用加权法计算环境规制强度指数（$ERI$），

公式为 $ERI=\sum_i (X_i \times W_i)$ 。由于熵权法是通过每年的数据计算获取权重，故每年 *ERI* 的权重都需单独计算。

### 3.1.3 测度结果分析

应用上述指标体系和计算方法，我们获得了省际层面的环境规制强度指数，详见表 3–2。结果显示，2007 年全国环境规制强度指数为 23.27，2016 年这一指数为 25.59，2007—2016 年各省份的 *ERI* 分布区间为［8.11，58.15］。*ERI* 取值范围在 1 ~ 100，取值越低表示环境规制强度越低，反之亦然。若将 *ERI* 的取值范围划分为均等的三个区间，即［1,34］、(34，68)、［68，100］，并分别代表低、中、高的环境规制水平，分别对应环境规制的要求相对宽松、比较严厉与非常严厉三个层次，则本书的研究结果反映出在研究期间尚无省份进入非常严厉的环境规制强度区间，上海与云南处于比较严厉区间，其他省区市均处于相对宽松的环境规制强度区间，且省际差异较大。结合图 3–2 各省份环境规制强度的时空变化看，我国环境规制强度的总体水平虽不高，但有增强的趋势，正处于由低水平逐渐转向中等强度水平的阶段。如果这一趋势能够持续，那么环境污染加剧的态势有望得到遏制。

表 3–2　2007—2016 年省级地区环境规制强度测度结果

| 省份 | 2007 年 | 2008 年 | 2009 年 | 2010 年 | 2011 年 | 2012 年 | 2013 年 | 2014 年 | 2015 年 | 2016 年 | 算术平均值 |
|---|---|---|---|---|---|---|---|---|---|---|---|
| 上海 | 57.26 | 57.65 | 58.15 | 49.89 | 56.20 | 56.95 | 57.18 | 56.13 | 56.79 | 57.16 | 56.34 |
| 云南 | 20.63 | 38.31 | 41.45 | 36.40 | 35.36 | 38.67 | 39.35 | 39.34 | 37.16 | 38.44 | 36.51 |
| 天津 | 32.39 | 24.00 | 27.26 | 21.05 | 29.91 | 33.86 | 36.35 | 36.55 | 41.68 | 40.79 | 32.38 |
| 福建 | 21.75 | 17.81 | 18.07 | 52.03 | 25.98 | 29.44 | 31.52 | 29.92 | 30.53 | 30.89 | 28.79 |
| 浙江 | 30.21 | 23.65 | 23.98 | 20.27 | 29.36 | 29.97 | 30.94 | 30.58 | 31.19 | 31.88 | 28.20 |
| 江苏 | 31.90 | 24.83 | 24.12 | 19.06 | 27.50 | 26.71 | 28.43 | 28.16 | 27.38 | 26.26 | 26.43 |

续表

| 省份 | 2007年 | 2008年 | 2009年 | 2010年 | 2011年 | 2012年 | 2013年 | 2014年 | 2015年 | 2016年 | 算术平均值 |
|---|---|---|---|---|---|---|---|---|---|---|---|
| 北京 | 26.67 | 22.39 | 25.15 | 18.95 | 25.20 | 27.42 | 27.68 | 27.97 | 28.04 | 27.03 | 25.65 |
| 山西 | 28.88 | 22.47 | 24.22 | 20.06 | 26.55 | 26.64 | 25.33 | 22.33 | 26.33 | 27.52 | 25.03 |
| 陕西 | 24.09 | 21.88 | 23.65 | 15.37 | 25.69 | 26.62 | 28.72 | 28.81 | 27.16 | 27.02 | 24.90 |
| 贵州 | 32.01 | 22.48 | 23.30 | 17.27 | 23.50 | 24.46 | 24.77 | 27.79 | 25.39 | 26.10 | 24.71 |
| 甘肃 | 22.26 | 24.16 | 16.22 | 13.07 | 26.44 | 28.77 | 29.59 | 28.23 | 28.62 | 28.13 | 24.55 |
| 山东 | 23.87 | 21.52 | 21.07 | 16.62 | 24.74 | 23.98 | 25.39 | 25.18 | 25.34 | 25.52 | 23.32 |
| 湖南 | 32.66 | 15.79 | 22.22 | 15.90 | 22.29 | 23.32 | 24.23 | 23.35 | 27.17 | 25.61 | 23.25 |
| 河北 | 19.95 | 17.63 | 26.16 | 17.11 | 23.40 | 23.34 | 24.50 | 25.94 | 24.14 | 25.01 | 22.72 |
| 海南 | 21.61 | 20.56 | 21.13 | 15.60 | 22.36 | 21.90 | 25.49 | 21.85 | 22.01 | 22.93 | 21.54 |
| 安徽 | 20.26 | 21.64 | 20.28 | 15.06 | 20.88 | 21.65 | 23.96 | 23.03 | 23.12 | 23.54 | 21.34 |
| 广东 | 21.31 | 18.70 | 19.02 | 17.10 | 20.69 | 21.60 | 22.47 | 21.69 | 21.94 | 22.83 | 20.74 |
| 河南 | 21.75 | 17.31 | 18.58 | 15.03 | 19.85 | 21.16 | 22.47 | 22.27 | 22.14 | 23.17 | 20.37 |
| 内蒙古 | 14.85 | 15.85 | 17.64 | 13.53 | 20.88 | 21.97 | 23.85 | 25.09 | 25.01 | 24.83 | 20.35 |
| 宁夏 | 20.96 | 17.42 | 19.04 | 13.90 | 20.51 | 20.53 | 21.26 | 22.26 | 22.78 | 22.39 | 20.11 |
| 江西 | 19.74 | 15.31 | 17.91 | 13.64 | 19.73 | 21.91 | 22.46 | 22.58 | 21.90 | 23.76 | 19.89 |
| 广西 | 23.88 | 15.64 | 17.42 | 12.68 | 19.93 | 21.27 | 20.52 | 19.59 | 22.01 | 21.49 | 19.44 |
| 辽宁 | 20.28 | 16.11 | 19.11 | 13.53 | 19.96 | 22.36 | 20.90 | 20.16 | 20.29 | 20.65 | 19.33 |
| 重庆 | 18.89 | 17.59 | 18.19 | 14.12 | 21.22 | 21.58 | 19.33 | 18.60 | 18.62 | 18.41 | 18.66 |
| 吉林 | 18.74 | 19.66 | 18.32 | 14.20 | 17.62 | 18.01 | 19.81 | 19.47 | 19.95 | 20.57 | 18.63 |
| 湖北 | 20.33 | 17.27 | 18.47 | 13.86 | 17.81 | 18.72 | 19.72 | 19.63 | 19.35 | 20.81 | 18.60 |
| 四川 | 21.84 | 17.68 | 17.60 | 13.67 | 18.19 | 18.98 | 19.50 | 19.03 | 19.16 | 19.68 | 18.53 |
| 新疆 | 15.62 | 14.14 | 15.37 | 10.40 | 16.08 | 18.68 | 20.08 | 20.52 | 19.77 | 20.54 | 17.12 |
| 黑龙江 | 16.17 | 14.80 | 16.27 | 12.41 | 16.53 | 18.01 | 19.79 | 18.18 | 17.93 | 17.48 | 16.76 |
| 西藏 | 9.65 | 9.47 | 10.75 | 8.11 | 18.45 | 13.19 | 19.50 | 16.35 | 16.42 | 17.52 | 13.94 |
| 青海 | 10.86 | 10.35 | 11.68 | 10.03 | 13.61 | 14.14 | 14.84 | 13.55 | 14.28 | 15.32 | 12.87 |
| 平均值 | 23.27 | 20.45 | 21.67 | 18.06 | 23.43 | 24.38 | 25.48 | 24.97 | 25.28 | 25.59 | 23.27 |

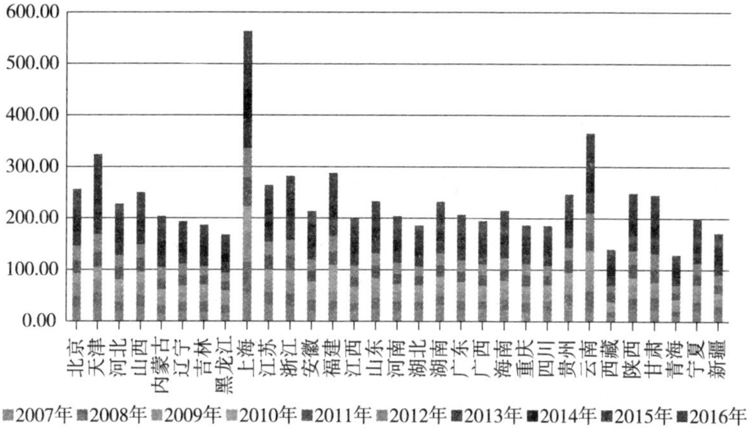


图 3-2 2007—2016 年各省份环境规制强度的时空变化

由图 3-2 可以看出，环境规制政策也具有一定的空间联系：环境规制强度大的省份，其周边省份规制强度也会相对较高；距离越远，环境规制强度越低。2010 年是一个比较特殊的年份，除了上海、云南与福建三个省份的环境规制强度比较高外，全国其他省份的环境规制强度普遍偏低。而哥伦比亚大学国际地球科学信息网络中心对全球 2001—2010 年 PM2.5 年均值测度的结果显示，我国 31 个省份中有超过 20 个省份的雾霾污染较为严重，尤其中部地区与东部地区接近北部区县的污染最为突出。这一区域内污染最严重的分别为山东、河南、江苏、河北四省份，环绕这 4 个省份包括北京、天津、湖北、安徽等在内的 8 个省份也均属于重度污染区。将上述现象联系在一起，也许可为极端天气的成因提供一种解释。另外，由于西藏与青海两地的特殊地理条件，地广人稀导致工业发展受限，工业污染也较低，故而对环境的关切程度不高，这也可以解释两地环境规制强度为何一直不高。

从各省份 2007—2016 年 *ERI* 的算术平均值来看，排名前 10 位的省份依次为上海、云南、天津、福建、浙江、江苏、北京、山西、陕西、贵州。其中，上海、天津、福建、浙江、江苏和北京属于东部地区经济发达省份，山西属于中部地区经济次发达省份，其他 3 个均为西部地区经济欠发达省份。*ERI* 排后 10 位的省份有广西、辽宁、重庆、吉林、湖北、四川、新疆、黑龙江、西藏和青海。其中，辽宁属于东部地区的省份，吉林、湖北、黑龙江属于中部地区省份，其余 6 个省份均为西部地区经济欠发达省份。*ERI* 排名居中的 11 个省份中，山东、河北、海南和广东属于东部地区省份，湖南、安徽、河南、山西属于中部地区经济次发达省份，其余 3 个省份均为西部地区经济欠发达省份。

从上述结果来看，在经济相对欠发达的中、西部地区，有部分省份的 *ERI* 相对较高；而在经济相对发达的东部地区，某些省份也存在 *ERI* 相对较低的情况。进一步地，我们计算了 2007—2016 年全国、东部地区、中部地区以及西部地区[①]各自平均的 *ERI*。如图 3–3 所示，三大区域及全国平均的 *ERI* 呈现震荡向上的趋势。同时，经济发展水平较高的东部地区的 *ERI* 普遍比较高；经济发展水平较低的西部地区的 *ERI* 次之；经济发展水平居中的中部地区的 *ERI* 却最低，且中部地区与西部地区的环境规制强度比较接近。从图 3–3 也可观察到，2010 年环境规制强度较 2009 年出现了较大幅度的下降。从权重构成来看，2010 年环境类法律法规、当年完成治理项目数、企业关停并转数、突发环境事件罚款、环境污染赔款 5 项的权重占整体的 78.70%；较 2009 年权重出现较大变化的是突发环境事件罚款和环境污染赔款，分别较 2009 年增加了 7% 和 4%。通过对数据源的深入分析，导致这一现象的主要原因可能在于当年福建省突发环境事件罚款、环境污染赔款数据的大幅度波动。联系到具体的事件，2010 年福

① 参考国家统计局的划分，东部地区包括北京、天津、河北、辽宁、上海、江苏、浙江、福建、山东、广东、海南 11 个省（直辖市）；中部地区包括山西、吉林、黑龙江、安徽、江西、河南、湖北、湖南 8 个省；西部地区包括内蒙古、广西、重庆、四川、贵州、云南、西藏、陕西、甘肃、青海、宁夏、新疆 12 个省（自治区、直辖市）。

建的突发环境事件罚款与污染损害赔款金额分别为 956 万元和 3187 万元，居全国首位，这些都与当年福建重大的环境事件——紫金矿业重大污染事件相关。

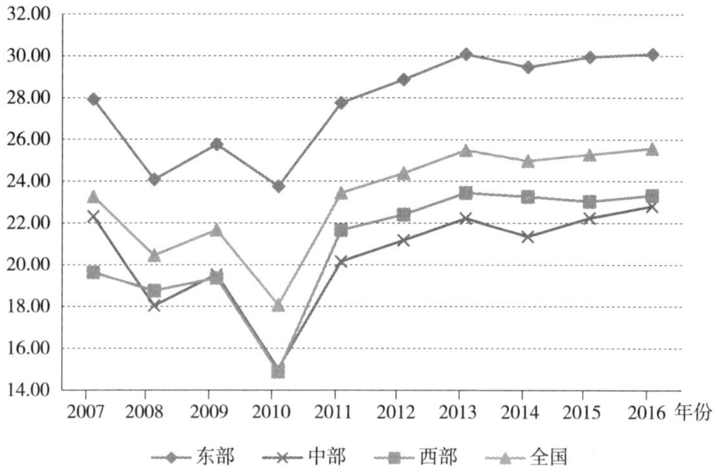


图 3–3　2007—2016 年三大区域和全国平均的 *ERI*

这一结论与以往结论（熊艳，2011；沈能，2012）近似。一般认为，经济发达地区相比经济欠发达地区更加重视环境保护，因此经济发达地区的环境规制强度总体会比经济欠发达地区高。但是，本书与已有研究略微不同的地方在于，中部地区的环境规制强度整体低于西部地区。导致这一结果的可能原因在于：在承接东部地区产业转移的过程中，转移的产业多数属于能耗水平和污染物排放水平都较高的产业，为便于这些产业的落地，中部地区作为产业转移承接地往往做出相应的政策倾斜，即放松环境政策。

## 3.2 旅游产业结构的测度与分析

### 3.2.1 指标体系构建

借鉴已有文献的方法，本书构建了包括旅游收入增长率、旅游总收入占 GDP 的比重、旅游产业结构同构化、旅游产业贡献率、入境旅游收入占旅游总收入比重、旅游产业结构偏依度、产业结构变迁指数等 7 个主要指标，涵盖产业规模、产业结构高级化程度、产业结构同构化程度和产业结构变迁程度等四个方面的旅游产业结构评价体系。具体如表 3–3 所示。

表 3–3 省际旅游产业结构评价体系

| 目标层 | 准则层 | 指标层 |
|---|---|---|
| 旅游产业结构水平（*TIS*） | 产业规模评价 | 旅游收入增长率（+） |
| | | 旅游总收入占 GDP 的比重（+） |
| | 产业结构高级化程度评价 | 旅游产业贡献率（+） |
| | | 入境旅游收入占旅游总收入比重（+） |
| | | 旅游产业结构偏依度（+） |
| | 产业结构同构化程度评价 | 旅游产业结构同构化（–） |
| | 产业结构变迁程度评价 | 产业结构变迁指数（+） |

注：表中“+”表示正向指标；“–”表示逆向指标。

（1）产业规模。产业规模衡量的是某一产业在国民经济中的规模大小及比重。产业规模过大会造成产能过剩与资源浪费；产业规模过小则难以形成规模经济。因此，产业规模的发展必须保持适度原则，同时它也是国家制定相关产业政策时重点关注的指标。因此，该层所包含的具体指标为各省旅游总收入占 GDP 的比重与旅游收入增长率。

（2）产业结构高级化程度。产业结构高级化反映的是，产业结构从以劳动密集型产业为主的结构形式，向以知识技术密集型产业为主的结构形式转变、调整的过程和趋势。受数据获取性的影响，旅游产业知识、技术含量的指标无法有效获取。因此，本书借鉴麻学锋（2009）、张广海和冯英梅（2013）、刘佳和杜亚楠（2013）的指标选取内容，以旅游产业贡献率、入境旅游收入占旅游总收入比重、旅游产业结构偏依度作为衡量产业结构高级化程度的代理指标。

（3）产业结构同构化程度。产业结构同构化反映的是两个区域之间相关产业的产业结构相似性不断提高的过程与趋势。区域间产业结构的趋同在短期内能快速提升相对落后区域的发展水平，但从长期看，产业结构同构化程度的加强降低了资源配置的效率，加剧了区域间的产业竞争，阻碍了区域间的产业合作，限制了经济的发展。

（4）产业结构变迁程度。产业结构变迁指数是对产业结构变动特征的一种数值描述。它基于海明距离的传统 Moore 指数算法，反映不同时期同一产业或者不同产业比重的变化状况。通过对不同地区同一产业结构变迁指数进行比较，可以了解该产业在不同区域的发展状态，辨析它们的结构差异。该指数尽管可以表征产业结构的动态变迁，但无法有效刻画产业结构变迁的升级趋势。

### 3.2.2 指标说明

根据所构建的指标体系，对体系中的各组成指标进行计算，其计算方法与计算公式如下：

（1）旅游产业贡献率（*CT*）。参照中国统计出版社出版的《中国统计摘要 2010》中对三次产业贡献率的计算方法，计算旅游产业贡献率。相应公式为：

$$CT_{i,t}=(TVA_{i,t}/GVA_{i,t})\times 100\% \tag{3-4}$$

其中，$TVA$为旅游业收入的增量，$GVA$为GDP增加值，$i$表示省份，$t$表示年份。

（2）旅游产业结构偏依度（$TL$）。参照干春晖等（2011）的做法，采用测度区域经济发展差距的泰尔指数（Theil Index）来度量产业结构偏依度。相应公式为

$$TL=\sum_{j=1}^{n}\left[\left(\frac{Y_i}{Y}\right)\ln\left(\frac{Y_i}{L_i}\Big/\frac{Y}{L}\right)\right] \tag{3-5}$$

其中，$Y_i$为旅游产业的收入，$Y$为第三产业增加值，$L_i$为旅游业就业人数，$L$为第三产业就业人数。若旅游产业与经济体的发展保持一致，则$TL=0$，该指数不仅保留了产业结构偏离度的理论内涵和经济意义，也兼顾了相关产业部门在国民经济中的相对重要性；若$TL>0$，则表明旅游产业的发展领先于整体经济增长，体现出产业发展的主导作用；若$TL<0$，则表明旅游产业的发展滞后于整体经济的发展。

（3）旅游产业结构同构化指数（$S$）。本书以联合国工业发展组织国际工业研究中心于1979年提出的结构相似系数作为产业结构同构化的测度指标。其公式为

$$S_{ij}=\sum_{k=1}^{n}(x_{ik}x_{jk})/\sqrt{\sum_{k=1}^{n}x_{ik}^2\sum_{k=1}^{n}x_{jk}^2} \tag{3-6}$$

其中，$S_{ij}$是区域$i$和区域$j$相关产业结构的同构化指数，$x_{ik}$为区域$i$的第$k$个产业在全部产业中的比重。同理，$x_{jk}$是区域$j$的第$k$个产业在全部产业中的比重。$S_{ij}$的值域为［0，1］。如果该指数值为0，则$i$、$j$两个地区的产业结构完全不同；若该指数值为1，则两个地区的产业结构完全相同。

（4）旅游产业结构变迁指数（Moore）。基于海明距离的传统Moore指数算法尽管可以表征产业结构的动态变迁，但其弱点在于无法有效刻画产业结构变迁的升级趋势。因此，为了兼顾产业结构变迁的动态性和方向

性，本书借鉴蒲勇健（2015）与孙叶飞等（2016）对传统 Moore 指数的拓展，对 Moore 指数算法进行改进，改进后的测度公式为

$$Moore_{i,\ t+1}^{i,\ j}=\left\{\frac{\sum_{k\neq j}(x_{i,\ t}^{k})^{2}+x_{i,\ t}^{k}\times x_{i,\ t+1}^{k}}{\sqrt{\sum_{k=1}^{m}(x_{i,\ t}^{k})^{2}\times\sum_{k\neq j}(x_{i,\ t}^{k})^{2}+(x_{i,\ t+1}^{j})^{2}}}\times\frac{\sum_{k\neq j}(x_{i,\ t+1}^{k})^{2}+x_{i,\ t}^{k}\times x_{i,\ t+1}^{k}}{\sqrt{\sum_{k=1}^{m}(x_{i,\ t+1}^{k})^{2}\times\sum_{k\neq j}(x_{i,\ t+1}^{k})^{2}+(x_{i,\ t}^{j})^{2}}}\right\}^{\frac{1}{2}} \quad (3\text{-}7)$$

其中，$i$ 为地区，$t$ 为时期，$j$ 为旅游产业，$m$ 为产业部门，$x_{i,\ t}^{j}$ 为 $i$ 地区 $t$ 时期 $j$ 产业增加值占国内生产总值比重，$x_{i,\ t}^{k}$ 为 $i$ 地区 $t$ 时期第 $k$ 个产业部门增加值在全国 GDP 中的比重，$Moore_{i,\ t+1}^{i,\ j}$ 为 $t+1$ 时期 $i$ 地区 $j$ 产业部门的结构变迁指数。

### 3.2.3 评价方法

指标体系的评价方法同本书 3.1.2 小节的内容。省际旅游产业结构指数采用熵权法计算。*TIS* 的取值区间为［1，100］，数值越大，表明区域旅游产业结构越合理，产业等级越高。

### 3.2.4 测度结果分析

应用上述评价方法，我们得到中国旅游产业结构指数测度结果，如表 3-4 所示。

表 3-4　2007—2016 年省级地区旅游产业结构指数测度结果

| 省份 | 2007年 | 2008年 | 2009年 | 2010年 | 2011年 | 2012年 | 2013年 | 2014年 | 2015年 | 2016年 | 算术平均值 |
|---|---|---|---|---|---|---|---|---|---|---|---|
| 贵州 | 70.61 | 78.39 | 73.07 | 77.46 | 77.81 | 72.45 | 75.16 | 72.79 | 71.75 | 70.65 | 74.01 |
| 云南 | 28.33 | 37.97 | 34.26 | 31.59 | 32.83 | 37.53 | 35.21 | 39.30 | 45.29 | 50.76 | 37.31 |
| 广东 | 25.67 | 37.69 | 32.59 | 36.25 | 42.07 | 40.43 | 42.16 | 43.25 | 21.66 | 39.13 | 36.09 |
| 安徽 | 21.58 | 25.39 | 22.51 | 20.01 | 42.77 | 53.26 | 37.95 | 35.45 | 37.02 | 26.57 | 32.25 |

续表

| 省份 | 2007年 | 2008年 | 2009年 | 2010年 | 2011年 | 2012年 | 2013年 | 2014年 | 2015年 | 2016年 | 算术平均值 |
|---|---|---|---|---|---|---|---|---|---|---|---|
| 辽宁 | 24.03 | 47.61 | 46.72 | 37.79 | 41.11 | 31.13 | 32.05 | 25.53 | 17.46 | 16.13 | 31.96 |
| 四川 | 35.09 | 24.47 | 24.88 | 24.21 | 33.13 | 37.35 | 33.18 | 33.88 | 36.49 | 28.49 | 31.12 |
| 河南 | 35.59 | 42.33 | 46.05 | 27.39 | 31.37 | 28.82 | 25.90 | 25.54 | 26.54 | 18.00 | 30.75 |
| 山西 | 19.17 | 19.29 | 25.60 | 20.74 | 23.47 | 35.12 | 32.91 | 35.18 | 30.26 | 38.05 | 27.98 |
| 福建 | 22.65 | 29.06 | 24.73 | 21.29 | 24.46 | 23.62 | 28.26 | 30.74 | 36.43 | 30.97 | 27.22 |
| 上海 | 18.23 | 26.24 | 21.31 | 34.07 | 19.54 | 28.94 | 23.82 | 29.84 | 35.70 | 28.13 | 26.58 |
| 广西 | 16.18 | 22.69 | 19.59 | 25.30 | 23.78 | 30.37 | 28.08 | 30.70 | 35.54 | 33.46 | 26.57 |
| 天津 | 40.59 | 32.44 | 27.76 | 16.49 | 18.04 | 19.02 | 21.84 | 24.08 | 27.65 | 20.84 | 24.87 |
| 江苏 | 25.44 | 32.45 | 26.72 | 24.28 | 26.41 | 24.24 | 21.55 | 24.05 | 24.70 | 17.88 | 24.77 |
| 浙江 | 18.84 | 25.77 | 22.96 | 22.41 | 25.48 | 25.79 | 25.61 | 26.92 | 29.54 | 21.65 | 24.50 |
| 西藏 | 38.57 | 21.48 | 20.47 | 21.37 | 20.90 | 19.96 | 21.51 | 21.37 | 31.27 | 22.09 | 23.90 |
| 江西 | 13.49 | 20.53 | 18.02 | 15.13 | 19.66 | 21.37 | 25.22 | 27.97 | 39.56 | 37.68 | 23.86 |
| 山东 | 19.15 | 24.09 | 22.28 | 21.16 | 23.08 | 25.46 | 25.39 | 23.55 | 26.28 | 19.03 | 22.95 |
| 陕西 | 16.98 | 23.28 | 20.26 | 18.59 | 22.10 | 23.03 | 25.12 | 24.54 | 26.62 | 24.10 | 22.46 |
| 河北 | 19.26 | 22.83 | 21.15 | 22.38 | 24.53 | 24.76 | 22.43 | 19.58 | 22.45 | 22.84 | 22.22 |
| 重庆 | 17.95 | 22.42 | 17.15 | 24.89 | 26.95 | 27.50 | 18.52 | 20.06 | 22.29 | 18.28 | 21.60 |
| 内蒙古 | 27.37 | 27.22 | 22.96 | 15.65 | 17.75 | 19.08 | 19.35 | 19.50 | 19.75 | 25.98 | 21.46 |
| 新疆 | 12.97 | 22.00 | 17.87 | 21.52 | 23.39 | 21.42 | 21.31 | 20.16 | 23.47 | 25.93 | 21.00 |
| 宁夏 | 26.35 | 26.98 | 23.68 | 20.16 | 20.71 | 19.30 | 18.17 | 16.45 | 18.88 | 18.36 | 20.90 |
| 湖北 | 12.60 | 19.27 | 18.06 | 23.50 | 23.26 | 24.26 | 22.64 | 22.52 | 23.75 | 17.33 | 20.72 |
| 北京 | 18.82 | 23.38 | 18.87 | 17.30 | 21.84 | 18.62 | 20.44 | 23.12 | 24.88 | 18.96 | 20.62 |
| 湖南 | 17.97 | 21.74 | 19.59 | 19.58 | 20.33 | 20.74 | 20.37 | 20.26 | 21.74 | 19.87 | 20.22 |
| 黑龙江 | 16.62 | 24.22 | 18.27 | 20.20 | 18.16 | 20.44 | 18.33 | 20.30 | 21.92 | 17.16 | 19.56 |
| 海南 | 28.89 | 29.67 | 15.62 | 13.57 | 16.64 | 13.19 | 14.71 | 16.15 | 17.57 | 13.27 | 17.93 |
| 吉林 | 14.91 | 16.60 | 15.18 | 14.12 | 15.15 | 17.10 | 17.75 | 19.64 | 24.20 | 19.56 | 17.42 |
| 甘肃 | 24.42 | 19.10 | 18.25 | 12.30 | 16.72 | 21.53 | 15.09 | 13.94 | 14.05 | 15.20 | 17.06 |
| 青海 | 20.66 | 19.28 | 18.23 | 10.60 | 14.50 | 16.44 | 12.89 | 12.11 | 13.93 | 14.02 | 15.27 |
| 平均值 | 32.62 | 43.76 | 39.25 | 35.24 | 43.58 | 41.34 | 42.34 | 40.45 | 41.98 | 35.31 | 25.97 |

从2007—2016年旅游产业结构指数分布的均值来看，旅游产业结构指数较高的省份依次是贵州、云南、广东、安徽、辽宁、四川、河南、山西、福建和上海。从分布上可以看出，旅游产业结构指数在全国的分布虽然比较均匀，但是贵州的旅游产业结构显著优于其他省区市。从2007—2016年各省份旅游结构指数的变化趋势来看，旅游产业结构水平呈现明显的地域差异，主要表现为三种状况：第一种为指数的震荡下降，主要有辽宁、河南、天津、西藏、内蒙古、宁夏、海南、甘肃和青海等9个省份；第二种为指数整体提高，主要有上海、福建、吉林、山东、山西、河北、陕西、湖北、江西、广西、重庆、云南和新疆等13个省份；其余9个省份的指数则表现为水平波动。从东、中、西三大区域来看（见表3-5），旅游产业结构指数总体呈现由西向东梯度递减的格局。从各省份旅游产业结构指数的变化趋势（见表3-4）可以看出，贵州的旅游产业结构一直保持领先水平，其他省区市如东部沿海地区的广东、福建，西南地区的云南、四川和西藏，以及东部地区的天津，这些省区市的旅游产业结构也是常年保持较高的水平，这也反映出这些省区市的旅游产业在其经济组成中的地位。2007—2016年各省份旅游产业结构指数的时空变化如图3-4所示。

表3-5　2007—2016年东部、中部、西部地区旅游产业结构指数

| 区域 | 2007年 | 2008年 | 2009年 | 2010年 | 2011年 | 2012年 | 2013年 | 2014年 | 2015年 | 2016年 |
|---|---|---|---|---|---|---|---|---|---|---|
| 东部 | 23.78 | 30.11 | 25.52 | 24.27 | 25.75 | 25.02 | 25.30 | 26.07 | 25.85 | 22.62 |
| 中部 | 18.99 | 23.67 | 22.91 | 20.08 | 24.27 | 27.64 | 25.13 | 25.86 | 28.13 | 24.28 |
| 西部 | 27.96 | 28.77 | 25.89 | 25.30 | 27.55 | 28.83 | 26.97 | 27.07 | 29.94 | 28.94 |
| 全国 | 24.16 | 27.93 | 24.99 | 23.59 | 26.06 | 27.17 | 25.90 | 26.40 | 28.02 | 25.50 |

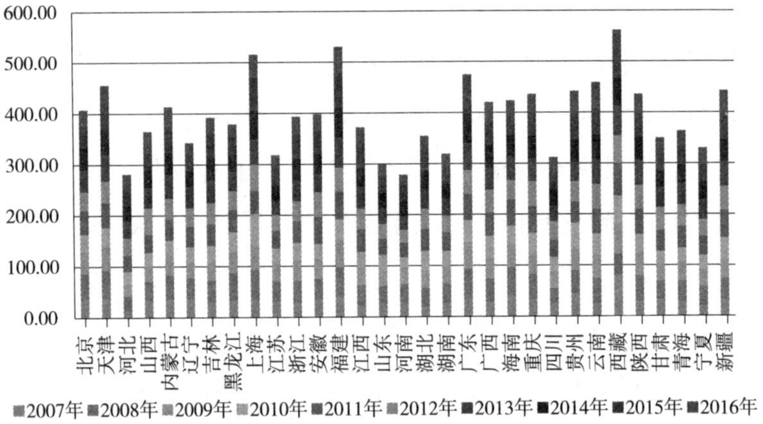


图 3-4　2007—2016 年各省份旅游产业结构指数的时空变化

随着国民经济的不断增长，新的旅游资源不断地被开发，以西藏、贵州、广东、上海和天津为中心，邻近区域的旅游产业得到蓬勃发展。2007 年，旅游产业结构较高的地区主要在东部与西部，呈现出“哑铃”形格局。到 2010 年，中部地区的河北、山西、河南、湖北和安徽的旅游产业结构逐渐升级，东、中、西部地区的产业结构形成联合发展格局。2013 年，区域旅游经济深化发展，除东北与西北地区等部分省份外，全国旅游产业结构基本以贵州、广东为核心呈区域梯度联动发展。然而，2016 年各省份竞相优化旅游产业结构的趋势出现了回落，大致形成了区块化的发展模式，分别形成以云南和贵州为代表的西南片区，以广东、福建及上海为代表的东南沿海片区，以西藏、新疆、内蒙古及山西为代表的北部片区。出现这一现象的原因可能在于，随着第三产业在国内的快速发展，旅游业在整个国民经济中的比重下降，同时伴随着产业结构的日益趋同、竞争加剧，旅游产业结构指数出现回落。

从旅游收入增长率来看，甘肃、贵州、安徽三省的旅游收入年平均增长率分别为 31.58%、29.38% 和 29.15%，远高于其他省份；而上海、北京的年平均增长率分别为 8.91% 和 10.83%。总体来看，全国旅游产业收入的年平均增长率为 22.67%，是人均 GDP 年平均增长率的 1.77 倍。同时，旅游产业收入占 GDP 的比重约为 5.24%，其中四川、广东、河南三省份的这一比例均超过了 10%。这一系列数据都反映出中国旅游产业正在“快车道”上高速“行驶”。

从旅游产业同构化指数来看，2007—2016 年，以北京市的旅游产业结构为对比基础，其他 30 个省份均保持着 80% 以上的相似性。其中，同构化程度最高的省份为天津、广东和江苏，同构化程度达到 99.9% 以上。同构化程度最低的省份为贵州，年平均同构化指数为 84.26%。2016 年，该值仅为 45.77%，反映出贵州与其他省份旅游产业结构的巨大差异。

从偏依度指标来看，贵州、四川以及安徽三省的泰尔指数均超过 1，贵州甚至超过了 2，反映出这三个省份在旅游产业发展方面的投入相比其他省份要大很多；而偏依度指数最小的三个省份分别为宁夏、新疆与甘肃，泰尔指数分别为 0.13、0.25 与 0.34，反映出这三个省份的旅游产业发展水平与当地经济保持一致；其他省份的泰尔指数值均介于 0.35 ~ 1。因此，从全国来看，各省份的旅游产业发展水平会不同程度地领先于当地总体经济发展水平。

从外汇收入占旅游总收入的比重来看，广东、福建、上海三省份不仅旅游收入在全国名列前茅，而且其外汇收入占比也同样最高，分别为 17.05%、13.54% 和 12.87%；与之形成鲜明对比的是江苏、河南与四川，这三个省份同样为旅游收入大省，旅游外汇收入比重却分别为 5.44%、1.27% 和 1.47%。另外，外汇收入占比较低的省份还有宁夏、甘肃与贵州，其外汇收入比重均不足 1%，显著地反映了境外游客到访地的区域异质性。

在产业结构变迁指数方面，全国 31 个省区市的产业结构变迁指数年平均值为 1.85。其中，最大值为宁夏的 1.99，最小值为贵州的 1.68，这反映出宁夏的旅游产业结构变迁速度最快，而贵州最慢。除西藏、贵州、四川三省份的产业结构变迁指数表现出缓慢下降的趋势外，其余 28 个省份均表现出旅游产业结构整体平稳、波动上升的趋势。此结果与赵磊和唐承财（2017）的研究结果一致。他们在对旅游产业及产业变迁的相关研究中认为，2000—2013 年，中国省际三次产业结构变迁呈现出整体平稳、阶段波动和地区差异三个方面的特征。同时，他们还认为产业结构变迁对旅游产业的供给产生了三个方面的影响：一是改变了旅游产业的发展模式；二是改变了资源的配置与流动方向，进而影响旅游产业的发展进程；三是重塑了旅游产品体系，拓展了旅游产品的供给模式。

## 3.3 旅游产业竞争力的测度与分析

### 3.3.1 指标体系构建

参考黄燕琳（2013）的做法，本书以现有研究中通常考虑的旅游收入与从业人数指标为基础，再结合旅游专业化程度、市场化指数、星级酒店客房出租率、旅行社经营能力、旅游高校密度以及旅游高校在校学生人数占人口比重等指标，从产业专业化程度、产业获利能力、从业人员竞争力、市场自由程度以及资源禀赋等五个方面对省际旅游产业竞争力（*TCA*）进行了评价。在构建评价体系时，这五个方面的指标都是正向反映旅游产业竞争力的。也就是说，它们是旅游产业竞争力在不同维度的体现。省际旅游产业竞争力指数的计算采用熵权法，*TCA* 的取值区间为［1，100］，数值越大，竞争力越强，具体如表 3–6 所示。

表 3–6 省际旅游产业竞争力评价体系[①]

| 目标层 | 准则层 | 指标层 |
|---|---|---|
| 省际旅游产业竞争力指数（*TCA*） | 产业专业化程度评价 | 旅游产业专门化率（*ENTROPY*） |
| | 产业获利能力评价 | 星级酒店客房出租率（*HLR*） |
| | | 旅行社经营能力（*TMA*） |
| | | 旅游收入比重（*PTI*） |
| | | 全员劳动生产率（*FLP*，以酒店 *FLP* 代替） |
| | 从业人员竞争力评价 | 从业人员比重（*PE*） |
| | | 高端人才培养能力（*HDA*） |
| | | 旅游高校密度（*TCD*） |
| | 市场自由程度评价 | 市场化指数（*MARKET*） |
| | 资源禀赋评价 | 风景区每万人保有量（*NSA*） |
| | | 星级酒店每万人保有量（*NHA*） |

## 3.3.2 指标说明

（1）旅游产业专业化率（*ENTROPY*）。根据区位熵的定义，计算公式为

$$ENTROPY_{i,\ t}=\frac{TI_{i,\ t}/\ GDP_{i,\ t}}{TI_t/\ GDP_t} \tag{3–8}$$

其中，$i$ 为省份，$t$ 为年度，$GDP_{i,\ t}$ 表示 $i$ 省在 $t$ 年度的地区生产总值，$GDP_t$ 为 $t$ 年度全国的国内生产总值，$TI_{i,\ t}$ 表示 $t$ 年第 $i$ 个省的旅游业收入，而 $TI_t$ 表示 $t$ 年全国旅游业收入。*ENTROPY* 值大于 1，表示区域旅游业发展水平高于全国平均水平，该地区旅游业在全国具有比较优势，反之亦然。

---

① 由于产业结构升级与竞争力提升的源泉都是生产要素从初级到高级、从一般化到专业化及技术化的演变过程，也就是说，它们提升的来源可能是一致的。因此，在构建竞争力指标评价体系时，未考虑产业结构及相关要素指标；对于各省份的人文景观（如博物馆等）、非物质文化遗产等，由于无法获取连续的统计数据或不能准确估值，故也未被纳入指标体系。

（2）市场化指数（*MARKET*）。该指标反映的是市场环境是否有利于产业竞争。数据来源于《中国分省份市场化指数报告》（樊纲、王小鲁、宋恒鹏，2011）。由于 2016 年版本的基期已经调整，为保持数据的连贯性，本书将 2011 年相关指数在 2016 年版基础上做了相应的调整。

（3）星级酒店客房出租率（*HLR*）。该指标的数据来源于 EPS 全球统计数据 / 分析平台所含的中国旅游数据库。该指标反映的是当年酒店客房的利用率，侧面反映出旅游市场的活跃程度。

（4）旅行社经营能力（*TMA*）。该指标反映的是省际区域内旅行社经营绩效相对于全国旅行社经营绩效平均水平的强弱对比。其计算公式为

$$TMA_{i,\ t} = TAA_{i,\ t} / ATA_t \tag{3-9}$$

其中，*TAA* 为旅行社营业收入，*ATA* 为全国旅行社平均营业收入，$i$ 表示省份，$t$ 表示年份。

（5）旅游收入比重（*PTI*）。该指标反映的是各省区市旅游收入在当年全国旅游收入中的份额。其计算公式为

$$PTI_{i,\ t} = TI_{i,\ t} / \sum_{i=1}^{31} TI_{i,\ t} \tag{3-10}$$

其中，*TI* 为旅游业收入，$i$ 表示省份，$t$ 表示年份。

（6）全员劳动生产率（*FLP*）。该指标反映的是行业中所有从业者在单位时间内实现产值的人均量。作为企业经济考核的重要指标，它体现了企业的经营管理水平、生产技术水平以及从业者的技术熟练程度、劳动积极性等多方面内容。受数据获取限制，本书仅以酒店业的全员劳动生产率作为旅游产业全员劳动生产率的代理指标。

（7）从业人员比重（*PE*）。该指标反映的是各省区市旅游从业人员数量占当年全国旅游从业人员数量的比重。一般认为，某一产业的从业人员越多，该产业的发展越旺盛，产业竞争力也越强劲。其计算公式同 *PTI* 类似。

（8）高端人才培养能力（*HDA*）。该指标反映的是各省区市旅游类高

等教育水平人才建设能力。高等院校旅游相关专业在校生作为未来从业市场的人力资源储备，不仅反映了产业发展的前景，也客观反映了产业的核心竞争能力。其计算公式为

$$HDA_{i,t} = NST_{i,t} / POP_{i,t} \qquad (3\text{–}11)$$

其中，$NST$ 为高等院校旅游相关专业在校生人数，单位为人；$POP$ 为人口数量，单位为万人；$i$ 表示省份；$t$ 表示年份。

（9）旅游高校密度（$TCD$）。该指标反映的是专业性旅游高等教育学校在省际区域内的发展水平。高等院校是高端人才培养的摇篮，专业性高等院校的发展水平以及数量，在一定程度上能够反映出区域内相关产业发展的潜力。其计算公式为

$$TCD_{i,t} = NU_{i,t} / POP_{i,t} \qquad (3\text{–}12)$$

其中，$NU$ 为旅游高等院校的数量，单位为所；$POP$ 为人口数量，单位为万人；$i$ 表示省份；$t$ 表示年份。

（10）风景区每万人保有量（$NSA$）。旅游风景区的数量是衡量一个区域内旅游资源禀赋的重要指标。在去除规模效应后，可以代表区域旅游资源的比较优势。其计算公式为

$$NSA_{i,t} = NS_{i,t} / POP_{i,t} \qquad (3\text{–}13)$$

其中，$NS$ 为旅游风景区数量，单位为个；$POP$ 为人口数量，单位为万人；$i$ 表示省份；$t$ 表示年份。由于旅游风景区数量的统计是从 2010 年开始的，故 2007—2009 年的旅游风景区数量为基于趋势外推法的估计值。

（11）星级酒店每万人保有量（$NHA$）。酒店是游客住宿休息的重要场所，因此星级酒店的保有量可以在一定程度上反映区域旅游的潜在竞争优势。其计算公式同 $NSA$ 类似。[①]

---

① 以上指标的数据来源：EPS 全球统计数据 / 分析平台、《中国分省份市场化指数报告》、《中国旅游统计年鉴》，以及各省统计年鉴。

### 3.3.3 评价方法

指标体系的评价方法同本书 3.1.2 小节内容。省际旅游产业竞争力指数采用熵权法计算。*TCA* 的取值区间为［1，100］，数值越大表明区域旅游产业竞争力越强。

### 3.3.4 测度结果分析

应用 3.3.3 小节的评价方法，我们得到中国旅游产业竞争力指数（见表 3–7）。从表 3–7 中可以看出，2007—2016 年旅游产业竞争力指数分布区间为［9.77，77.92］。从各年的均值来看，旅游产业竞争力指数较高的省份依次是北京、上海、广东、海南、江苏、浙江、重庆、西藏、山东和辽宁。从地域分布来看，旅游产业竞争优势明显的省份多位于东部经济发达地区，尤其是"北上广"三地，这一结论与邹泉（2018）的研究结论基本一致；中部地区的湖南，旅游业相较于其他中部地区省份更具竞争力；而西藏和云南则在西部地区具有较大的竞争优势。从 2007—2016 年各省份旅游产业竞争力的增长趋势来看，北京的旅游产业竞争力呈现逐年下降的趋势，从 2007 年的 75.32 下降到 2016 年的 58.12。尽管如此，北京的旅游产业竞争力依然居 31 个省区市的第 1 位；辽宁、山西、湖北、贵州、陕西、江西、青海、内蒙古以及宁夏等 9 个省份的旅游产业竞争力整体呈现上升的趋势；其他 21 个省份的旅游产业竞争力呈现水平波动态势。

表 3–7　2007—2016 年省级地区旅游产业竞争力指数测度结果

| 省份 | 2007 年 | 2008 年 | 2009 年 | 2010 年 | 2011 年 | 2012 年 | 2013 年 | 2014 年 | 2015 年 | 2016 年 | 算术平均值 |
|---|---|---|---|---|---|---|---|---|---|---|---|
| 北京 | 75.32 | 77.92 | 76.82 | 73.66 | 75.76 | 72.61 | 70.60 | 63.48 | 61.46 | 58.12 | 70.57 |
| 上海 | 49.65 | 51.42 | 51.99 | 51.89 | 51.82 | 49.89 | 51.12 | 48.82 | 51.92 | 55.30 | 51.38 |

续表

| 省份 | 2007年 | 2008年 | 2009年 | 2010年 | 2011年 | 2012年 | 2013年 | 2014年 | 2015年 | 2016年 | 算术平均值 |
|---|---|---|---|---|---|---|---|---|---|---|---|
| 广东 | 42.95 | 42.56 | 43.77 | 43.14 | 48.99 | 46.72 | 45.31 | 41.96 | 43.60 | 43.14 | 44.21 |
| 海南 | 42.91 | 44.29 | 43.84 | 42.98 | 51.01 | 44.08 | 38.37 | 38.95 | 40.98 | 35.35 | 42.27 |
| 江苏 | 47.69 | 49.26 | 45.04 | 36.54 | 43.66 | 37.23 | 42.61 | 41.49 | 37.97 | 40.35 | 42.19 |
| 浙江 | 38.88 | 42.19 | 44.69 | 40.02 | 45.45 | 41.84 | 39.86 | 38.47 | 40.14 | 42.71 | 41.43 |
| 重庆 | 27.00 | 30.36 | 31.05 | 31.93 | 35.46 | 33.00 | 30.22 | 28.17 | 33.34 | 33.38 | 31.39 |
| 西藏 | 30.51 | 24.95 | 27.37 | 25.23 | 30.28 | 30.75 | 36.13 | 40.09 | 38.50 | 29.46 | 31.33 |
| 山东 | 31.93 | 33.63 | 37.18 | 30.20 | 29.69 | 27.90 | 30.31 | 30.60 | 27.46 | 26.33 | 30.52 |
| 辽宁 | 25.62 | 20.58 | 40.31 | 25.06 | 28.76 | 34.66 | 34.91 | 25.42 | 29.76 | 35.76 | 30.08 |
| 福建 | 24.69 | 25.65 | 26.60 | 25.91 | 30.32 | 28.46 | 30.03 | 29.16 | 33.46 | 34.38 | 28.86 |
| 湖南 | 20.87 | 23.84 | 24.99 | 26.45 | 32.69 | 32.09 | 27.31 | 29.08 | 31.86 | 32.67 | 28.18 |
| 云南 | 30.53 | 31.34 | 30.88 | 24.66 | 24.85 | 24.94 | 25.26 | 27.07 | 27.79 | 27.13 | 27.44 |
| 天津 | 27.85 | 23.44 | 24.55 | 22.25 | 28.35 | 28.29 | 27.50 | 23.62 | 27.85 | 29.70 | 26.34 |
| 四川 | 25.32 | 29.35 | 29.01 | 23.23 | 26.82 | 25.52 | 26.11 | 23.45 | 26.65 | 27.77 | 26.32 |
| 湖北 | 19.58 | 19.91 | 24.41 | 22.03 | 24.81 | 25.75 | 26.55 | 25.80 | 28.80 | 27.53 | 24.52 |
| 安徽 | 18.94 | 22.01 | 22.01 | 24.92 | 30.71 | 30.13 | 23.38 | 21.98 | 26.03 | 23.81 | 24.39 |
| 新疆 | 21.30 | 23.01 | 22.77 | 20.59 | 27.79 | 23.52 | 25.93 | 21.17 | 23.50 | 23.99 | 23.36 |
| 山西 | 18.23 | 19.32 | 20.59 | 21.30 | 23.42 | 22.47 | 21.94 | 19.33 | 25.16 | 25.80 | 21.76 |
| 广西 | 18.09 | 23.50 | 22.96 | 23.75 | 27.19 | 27.50 | 18.06 | 15.89 | 20.89 | 19.27 | 21.71 |
| 贵州 | 13.99 | 18.53 | 19.70 | 19.85 | 21.46 | 22.43 | 22.79 | 21.55 | 25.32 | 26.53 | 21.21 |
| 陕西 | 12.76 | 15.22 | 16.54 | 17.04 | 22.37 | 20.83 | 21.04 | 19.78 | 26.97 | 24.57 | 19.71 |
| 河南 | 17.06 | 19.46 | 22.50 | 21.03 | 19.72 | 20.16 | 16.45 | 15.70 | 18.96 | 19.78 | 19.08 |
| 江西 | 12.86 | 15.63 | 21.26 | 9.77 | 21.55 | 16.91 | 22.05 | 22.36 | 23.96 | 19.80 | 18.62 |
| 青海 | 16.91 | 18.10 | 17.86 | 15.36 | 15.73 | 17.05 | 14.70 | 18.09 | 24.59 | 25.59 | 18.40 |
| 内蒙古 | 13.68 | 15.34 | 17.32 | 16.28 | 18.36 | 19.22 | 19.92 | 20.57 | 20.28 | 19.38 | 18.04 |
| 黑龙江 | 17.58 | 17.71 | 17.02 | 18.67 | 15.40 | 17.05 | 11.62 | 18.61 | 17.63 | 16.41 | 16.77 |
| 甘肃 | 14.55 | 16.07 | 17.03 | 15.24 | 13.96 | 14.17 | 17.97 | 13.42 | 17.60 | 18.10 | 15.81 |
| 河北 | 16.49 | 18.12 | 17.59 | 15.77 | 13.76 | 13.83 | 13.86 | 12.97 | 16.32 | 17.37 | 15.61 |
| 吉林 | 15.89 | 15.83 | 15.74 | 11.95 | 14.93 | 15.10 | 19.82 | 13.66 | 16.35 | 16.65 | 15.59 |
| 宁夏 | 11.91 | 12.01 | 12.26 | 13.45 | 13.99 | 15.65 | 15.01 | 13.24 | 14.74 | 15.05 | 13.73 |
| 平均值 | 25.86 | 27.12 | 28.57 | 26.13 | 29.32 | 28.38 | 27.96 | 26.58 | 29.03 | 28.75 | 27.77 |

从各省份旅游产业竞争力指数的时空变化（见图 3–5）可以看出，2007—2016 年区域旅游产业最具竞争力的一直是北京、上海与广东三省

市。出现这一现象不仅与当地的经济发展水平相关，还与当地丰富的旅游资源、良好的社会服务体系有关。以 2016 年为例，广东省的 GDP 为 7.95 万亿元人民币，居全国第 1 位；上海 2.75 万亿元，居第 11 位；北京 2.49 万亿元，居第 12 位。在地方建设公共预算方面，广东为 10390 亿元，居全国第 1 位；上海为 6406 亿元，居第 3 位；北京为 5081 亿元，居第 6 位。这些都反映出三省市良好的基础设施建设与配套服务供应。随着改革开放的不断推进，国民经济持续增长，各省份旅游产业也蓬勃发展。在北京、上海、广东旅游经济的带动下，中、西部地区旅游产业竞争力也在持续增长，且竞争力提升的省份数量也在逐年扩大。整体而言，旅游产业竞争力呈现东部地区强、西部地区次之、中部地区较弱的阶梯式发展特点；从东部、中部、西部地区旅游产业竞争力的发展态势可以看出，东部地区旅游产业竞争力显著高于中、西部地区，但是不同于东部地区旅游产业竞争力相对平稳的走势，中、西部地区旅游产业竞争力呈现逐年提升的趋势，如图 3-6 所示。

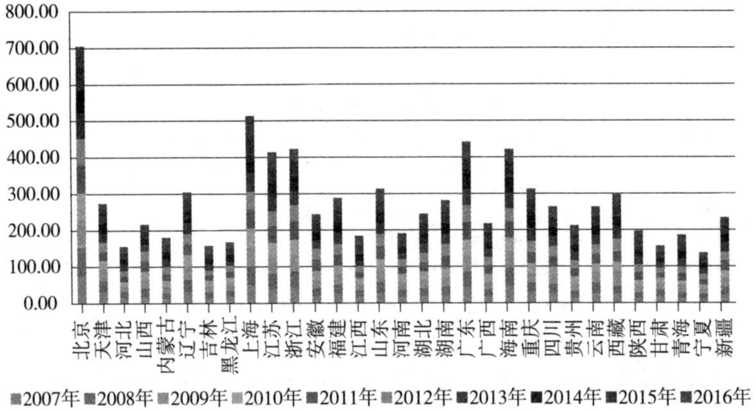


图 3-5　2007—2016 年各省份旅游产业竞争力指数的时空变化

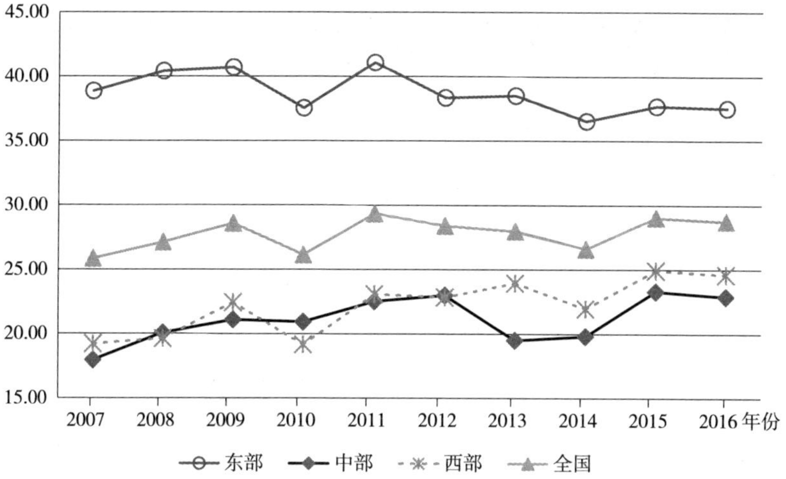


图 3-6　2007—2016 年三大区域和全国平均的 *TCA*

从旅游产业专业化率平均值来看（见表 3-8），通过对指标进行计算得出：贵州远高于其他省份，云南、西藏、山西紧随其后；其他省份中，区位熵大于 1 的还有北京、天津、辽宁、吉林、浙江、安徽、江西、广西、四川、陕西与甘肃等，反映出这些省份的旅游产业具有较强的竞争优势；而余下的 16 个省份的旅游产业的区位熵均小于 1。从变化趋势来看，北京的旅游产业专业化率从 2007 年的 2.35 逐年降低至 2016 年的 1.17，反映出其他省份旅游产业发展对北京旅游优势的削弱，与之类似的还有上海、天津、江苏、海南；反观贵州、山西和安徽，则呈现增长的趋势。

表 3-8　2007—2016 年省级地区旅游专业化率

| 省份 | 2007 年 | 2008 年 | 2009 年 | 2010 年 | 2011 年 | 2012 年 | 2013 年 | 2014 年 | 2015 年 | 2016 年 |
|---|---|---|---|---|---|---|---|---|---|---|
| 北京 | 2.35 | 2.38 | 2.04 | 1.90 | 1.83 | 1.69 | 1.59 | 1.47 | 1.36 | 1.17 |
| 天津 | 1.58 | 1.34 | 1.39 | 1.31 | 1.22 | 1.16 | 1.17 | 1.16 | 1.15 | 1.06 |
| 河北 | 0.44 | 0.39 | 0.42 | 0.43 | 0.46 | 0.50 | 0.56 | 0.64 | 0.78 | 0.87 |
| 山西 | 1.06 | 1.20 | 1.22 | 1.14 | 1.10 | 1.25 | 1.43 | 1.63 | 1.83 | 1.95 |
| 内蒙古 | 0.67 | 0.62 | 0.64 | 0.61 | 0.57 | 0.59 | 0.65 | 0.74 | 0.86 | 0.90 |

续表

| 省份 | 2007年 | 2008年 | 2009年 | 2010年 | 2011年 | 2012年 | 2013年 | 2014年 | 2015年 | 2016年 |
|---|---|---|---|---|---|---|---|---|---|---|
| 辽宁 | 1.24 | 1.22 | 1.48 | 1.41 | 1.38 | 1.32 | 1.34 | 1.35 | 0.88 | 1.14 |
| 吉林 | 0.65 | 0.75 | 0.77 | 0.78 | 0.77 | 0.77 | 0.83 | 0.91 | 0.99 | 1.17 |
| 黑龙江 | 0.64 | 0.76 | 0.77 | 0.82 | 0.80 | 0.79 | 0.75 | 0.51 | 0.61 | 0.61 |
| 上海 | 1.69 | 1.59 | 1.51 | 1.66 | 1.52 | 1.47 | 1.19 | 1.02 | 0.91 | 0.82 |
| 江苏 | 1.13 | 1.14 | 1.10 | 1.08 | 1.04 | 0.99 | 0.94 | 0.91 | 0.87 | 0.79 |
| 浙江 | 1.13 | 1.13 | 1.17 | 1.16 | 1.16 | 1.15 | 1.15 | 1.15 | 1.13 | 1.03 |
| 安徽 | 0.81 | 0.90 | 0.91 | 0.90 | 1.14 | 1.27 | 1.36 | 1.21 | 1.27 | 1.21 |
| 福建 | 1.12 | 1.03 | 0.93 | 0.92 | 0.86 | 0.83 | 0.82 | 0.82 | 0.82 | 0.82 |
| 江西 | 0.88 | 0.97 | 0.90 | 0.84 | 0.87 | 0.90 | 1.03 | 1.35 | 1.47 | 1.62 |
| 山东 | 0.67 | 0.73 | 0.73 | 0.76 | 0.76 | 0.75 | 0.74 | 0.72 | 0.72 | 0.67 |
| 河南 | 0.94 | 0.97 | 1.03 | 0.98 | 0.96 | 0.95 | 0.94 | 0.92 | 0.92 | 0.85 |
| 湖北 | 0.70 | 0.74 | 0.77 | 0.87 | 0.94 | 0.97 | 0.99 | 0.98 | 0.94 | 0.90 |
| 湖南 | 0.83 | 0.83 | 0.85 | 0.86 | 0.84 | 0.84 | 0.86 | 0.83 | 0.87 | 0.89 |
| 广东 | 0.83 | 0.84 | 0.80 | 0.81 | 0.84 | 0.85 | 0.84 | 0.85 | 0.74 | 0.77 |
| 广西 | 0.78 | 0.81 | 0.85 | 0.96 | 1.01 | 1.06 | 1.12 | 1.21 | 1.32 | 1.37 |
| 海南 | 1.48 | 1.36 | 1.30 | 1.21 | 1.18 | 1.10 | 1.07 | 1.02 | 1.05 | 0.94 |
| 重庆 | 1.08 | 0.95 | 1.09 | 1.12 | 1.17 | 1.20 | 1.09 | 1.02 | 1.01 | 0.93 |
| 四川 | 1.21 | 0.96 | 1.06 | 1.06 | 1.10 | 1.14 | 1.15 | 1.26 | 1.40 | 1.40 |
| 贵州 | 1.96 | 2.20 | 2.09 | 2.23 | 2.31 | 2.26 | 2.31 | 2.29 | 2.27 | 2.56 |
| 云南 | 1.24 | 1.58 | 1.33 | 1.35 | 1.35 | 1.37 | 1.41 | 1.52 | 1.64 | 1.92 |
| 西藏 | 1.49 | 0.64 | 1.29 | 1.36 | 1.48 | 1.50 | 1.60 | 1.62 | 1.87 | 1.73 |
| 陕西 | 0.97 | 0.93 | 0.95 | 0.94 | 0.98 | 0.99 | 1.04 | 1.05 | 1.14 | 1.18 |
| 甘肃 | 0.45 | 0.49 | 0.58 | 0.56 | 0.61 | 0.69 | 0.77 | 0.84 | 0.98 | 1.01 |
| 青海 | 0.63 | 0.56 | 0.56 | 0.51 | 0.51 | 0.54 | 0.59 | 0.64 | 0.70 | 0.72 |
| 宁夏 | 0.37 | 0.39 | 0.40 | 0.39 | 0.37 | 0.37 | 0.39 | 0.38 | 0.38 | 0.40 |
| 新疆 | 0.61 | 0.56 | 0.44 | 0.52 | 0.62 | 0.64 | 0.63 | 0.51 | 0.74 | 0.87 |

从旅游收入占当年全国旅游总收入的比重（见表3–9）来看，通过计算均值得出：江苏、广东和浙江三省份所占份额均值达到全国的1/4；而

排后 5 位的份额总数仅为 1.75%，表现出显著的区域异质性。

表 3-9 2007—2016 年省级地区旅游收入比重

| 省份 | 2007年 | 2008年 | 2009年 | 2010年 | 2011年 | 2012年 | 2013年 | 2014年 | 2015年 | 2016年 |
|---|---|---|---|---|---|---|---|---|---|---|
| 北京 | 0.0795 | 0.0739 | 0.0676 | 0.0612 | 0.0567 | 0.0523 | 0.0492 | 0.0457 | 0.0431 | 0.0385 |
| 天津 | 0.0289 | 0.0293 | 0.0286 | 0.0276 | 0.0264 | 0.0260 | 0.0266 | 0.0266 | 0.0262 | 0.0242 |
| 河北 | 0.0219 | 0.0185 | 0.0197 | 0.0202 | 0.0216 | 0.0229 | 0.0249 | 0.0274 | 0.0321 | 0.0357 |
| 山西 | 0.0220 | 0.0247 | 0.0247 | 0.0240 | 0.0237 | 0.0261 | 0.0286 | 0.0304 | 0.0322 | 0.0326 |
| 内蒙古 | 0.0148 | 0.0157 | 0.0169 | 0.0162 | 0.0157 | 0.0163 | 0.0174 | 0.0193 | 0.0211 | 0.0208 |
| 辽宁 | 0.0495 | 0.0580 | 0.0617 | 0.0594 | 0.0589 | 0.0569 | 0.0577 | 0.0565 | 0.0348 | 0.0325 |
| 吉林 | 0.0132 | 0.0150 | 0.0161 | 0.0162 | 0.0164 | 0.0170 | 0.0183 | 0.0193 | 0.0212 | 0.0222 |
| 黑龙江 | 0.0162 | 0.0187 | 0.0180 | 0.0195 | 0.0193 | 0.0187 | 0.0172 | 0.0114 | 0.0127 | 0.0121 |
| 上海 | 0.0744 | 0.0653 | 0.0620 | 0.0653 | 0.0557 | 0.0515 | 0.0409 | 0.0352 | 0.0315 | 0.0298 |
| 江苏 | 0.1048 | 0.1068 | 0.1031 | 0.1020 | 0.0976 | 0.0930 | 0.0879 | 0.0860 | 0.0841 | 0.0783 |
| 浙江 | 0.0766 | 0.0750 | 0.0732 | 0.0732 | 0.0720 | 0.0692 | 0.0687 | 0.0673 | 0.0668 | 0.0621 |
| 安徽 | 0.0215 | 0.0244 | 0.0250 | 0.0253 | 0.0334 | 0.0377 | 0.0373 | 0.0367 | 0.0386 | 0.0379 |
| 福建 | 0.0379 | 0.0347 | 0.0321 | 0.0310 | 0.0296 | 0.0284 | 0.0284 | 0.0289 | 0.0294 | 0.0302 |
| 江西 | 0.0175 | 0.0186 | 0.0187 | 0.0181 | 0.0195 | 0.0202 | 0.0235 | 0.0283 | 0.0340 | 0.0383 |
| 山东 | 0.0625 | 0.0668 | 0.0679 | 0.0677 | 0.0660 | 0.0651 | 0.0643 | 0.0626 | 0.0625 | 0.0584 |
| 河南 | 0.0511 | 0.0531 | 0.0549 | 0.0515 | 0.0495 | 0.0485 | 0.0481 | 0.0467 | 0.0471 | 0.0442 |
| 湖北 | 0.0242 | 0.0258 | 0.0278 | 0.0323 | 0.0363 | 0.0379 | 0.0398 | 0.0409 | 0.0403 | 0.0375 |
| 湖南 | 0.0276 | 0.0284 | 0.0305 | 0.0316 | 0.0315 | 0.0322 | 0.0333 | 0.0326 | 0.0347 | 0.0361 |
| 广东 | 0.0928 | 0.0889 | 0.0862 | 0.0852 | 0.0853 | 0.0835 | 0.0833 | 0.0839 | 0.0746 | 0.0801 |
| 广西 | 0.0169 | 0.0178 | 0.0180 | 0.0211 | 0.0226 | 0.0239 | 0.0255 | 0.0277 | 0.0305 | 0.0322 |
| 海南 | 0.0065 | 0.0062 | 0.0059 | 0.0057 | 0.0057 | 0.0055 | 0.0053 | 0.0052 | 0.0054 | 0.0049 |
| 重庆 | 0.0167 | 0.0187 | 0.0195 | 0.0203 | 0.0223 | 0.0238 | 0.0220 | 0.0213 | 0.0219 | 0.0212 |
| 四川 | 0.0461 | 0.0363 | 0.0408 | 0.0417 | 0.0443 | 0.0473 | 0.0481 | 0.0523 | 0.0581 | 0.0591 |
| 贵州 | 0.0194 | 0.0217 | 0.0223 | 0.0235 | 0.0252 | 0.0268 | 0.0294 | 0.0309 | 0.0329 | 0.0386 |
| 云南 | 0.0212 | 0.0222 | 0.0225 | 0.0223 | 0.0229 | 0.0245 | 0.0262 | 0.0285 | 0.0307 | 0.0364 |
| 西藏 | 0.0018 | 0.0008 | 0.0016 | 0.0016 | 0.0017 | 0.0018 | 0.0020 | 0.0022 | 0.0026 | 0.0025 |

续表

| 省份 | 2007年 | 2008年 | 2009年 | 2010年 | 2011年 | 2012年 | 2013年 | 2014年 | 2015年 | 2016年 |
|---|---|---|---|---|---|---|---|---|---|---|
| 陕西 | 0.0191 | 0.0202 | 0.0213 | 0.0218 | 0.0234 | 0.0247 | 0.0265 | 0.0272 | 0.0283 | 0.0293 |
| 甘肃 | 0.0044 | 0.0046 | 0.0053 | 0.0052 | 0.0059 | 0.0068 | 0.0077 | 0.0083 | 0.0091 | 0.0094 |
| 青海 | 0.0018 | 0.0016 | 0.0017 | 0.0016 | 0.0016 | 0.0018 | 0.0020 | 0.0022 | 0.0023 | 0.0024 |
| 宁夏 | 0.0012 | 0.0014 | 0.0015 | 0.0015 | 0.0015 | 0.0015 | 0.0016 | 0.0015 | 0.0015 | 0.0016 |
| 新疆 | 0.0078 | 0.0069 | 0.0052 | 0.0065 | 0.0078 | 0.0083 | 0.0084 | 0.0069 | 0.0096 | 0.0107 |

通过对2007—2016年全国31个省份旅游产业全员劳动生产率的计算结果来看，上海与北京的全员劳动生产率均超过了20万元/人，山西、河北、广西、云南、西藏、陕西、甘肃和宁夏8个省份的全员劳动生产率介于8.5万～9.97万元/人，其他21个省份的全员劳动生产率分布在10万～20万元/人。

从星级酒店客房出租率来看，全国各省份的星级酒店客房出租率均超过了50%，客房出租率最高的省份是湖南，达到71.34%，第2位的山东为60.71%。因此，可以看出全国各省份星级酒店客房出租率的差异并不显著。

从旅行社经营能力来看，北京、上海两市的旅行社获利能力均超过全国平均水平的3倍以上，广东的旅行社获利能力超过全国平均水平的2倍以上，福建、湖南、海南、重庆、云南以及江苏6个省份的旅行社获利能力均超过或达到全国平均水平；而其他22个省份的旅行社获利能力普遍低于全国平均水平。

从旅游从业人数占全国旅游从业人数的比重（见表3-10）来看，通过做趋势线可得出：广东旅游从业人数年平均28万人，占全国份额的10.43%；居第2位的浙江，旅游从业人数达19.39万人，占全国份额的7.25%；浙江、山东、北京和江苏4个省份，占全国旅游从业人数的31.33%，但从2007—2016年从业人数的变化趋势来看，这4个省份的从业人数均呈现下降的趋势。

从高端人才培养能力来看，全国旅游高校年平均在校人数约 50.49 万人，排前五的省份合计占比为 33.63%。其中，广东 8.25%、山东 7.25%、安徽 6.79%、江苏 6.06%、四川 5.28%。若从旅游高校年平均在校人数与人口数的对比来看，海南以每百万人中约 1671 人的比例居全国首位，其次是重庆的 640 人 / 百万人、山西的 638 人 / 百万人；而广东、山东、安徽、江苏和四川则分别排在第 10 位、第 13 位、第 5 位、第 12 位和第 19 位。从旅游高校的分布密度来看，北京以每百万人拥有近 2 所的比率居全国首位；海南、重庆、天津、江苏、福建、湖北的这一数值均超过 1。从旅游高校的分布情况来看，截至 2016 年，全国旅游高校总数为 1690 所，江苏和河南各有 110 所，广东 103 所，湖北 101 所，低于 10 所的有西藏和宁夏。因此，旅游高校的分布也具有较强的地域属性。

表 3-10　2007—2016 年省级地区旅游从业人数比重

| 省份 | 2007 年 | 2008 年 | 2009 年 | 2010 年 | 2011 年 | 2012 年 | 2013 年 | 2014 年 | 2015 年 | 2016 年 |
|---|---|---|---|---|---|---|---|---|---|---|
| 北京 | 0.0657 | 0.0706 | 0.0669 | 0.0793 | 0.0713 | 0.0732 | 0.0737 | 0.0555 | 0.0549 | 0.0494 |
| 天津 | 0.0102 | 0.0103 | 0.0094 | 0.0120 | 0.0121 | 0.0111 | 0.0109 | 0.0106 | 0.0096 | 0.0103 |
| 河北 | 0.0462 | 0.0489 | 0.0505 | 0.0200 | 0.0390 | 0.0359 | 0.0368 | 0.0363 | 0.0384 | 0.0398 |
| 山西 | 0.0222 | 0.0375 | 0.0395 | 0.0271 | 0.0283 | 0.0285 | 0.0269 | 0.0187 | 0.0157 | 0.0175 |
| 内蒙古 | 0.0124 | 0.0130 | 0.0129 | 0.0164 | 0.0178 | 0.0179 | 0.0187 | 0.0133 | 0.0166 | 0.0141 |
| 辽宁 | 0.0457 | 0.0476 | 0.0719 | 0.0312 | 0.0318 | 0.0295 | 0.0300 | 0.0755 | 0.0425 | 0.0348 |
| 吉林 | 0.0146 | 0.0113 | 0.0111 | 0.0139 | 0.0142 | 0.0126 | 0.0120 | 0.0099 | 0.0104 | 0.0104 |
| 黑龙江 | 0.0153 | 0.0123 | 0.0120 | 0.0133 | 0.0149 | 0.0133 | 0.0127 | 0.0158 | 0.0161 | 0.0176 |
| 上海 | 0.0429 | 0.0467 | 0.0468 | 0.0463 | 0.0446 | 0.0458 | 0.0430 | 0.0305 | 0.0306 | 0.0341 |
| 江苏 | 0.0556 | 0.0583 | 0.0585 | 0.0678 | 0.0687 | 0.0648 | 0.0670 | 0.0672 | 0.0587 | 0.0642 |
| 浙江 | 0.0964 | 0.0917 | 0.0773 | 0.0717 | 0.0649 | 0.0735 | 0.0778 | 0.0603 | 0.0581 | 0.0538 |
| 安徽 | 0.0277 | 0.0185 | 0.0189 | 0.0293 | 0.0274 | 0.0276 | 0.0268 | 0.0299 | 0.0292 | 0.0287 |
| 福建 | 0.0229 | 0.0241 | 0.0237 | 0.0374 | 0.0394 | 0.0521 | 0.0449 | 0.0348 | 0.0339 | 0.0345 |

续表

| 省份 | 2007年 | 2008年 | 2009年 | 2010年 | 2011年 | 2012年 | 2013年 | 2014年 | 2015年 | 2016年 |
|---|---|---|---|---|---|---|---|---|---|---|
| 江西 | 0.0410 | 0.0272 | 0.0258 | 0.0178 | 0.0205 | 0.0194 | 0.0191 | 0.0292 | 0.0304 | 0.0344 |
| 山东 | 0.0629 | 0.0638 | 0.0526 | 0.0744 | 0.0701 | 0.0648 | 0.0656 | 0.0779 | 0.0838 | 0.0874 |
| 河南 | 0.0269 | 0.0187 | 0.0210 | 0.0354 | 0.0344 | 0.0323 | 0.0294 | 0.0234 | 0.0226 | 0.0369 |
| 湖北 | 0.0340 | 0.0336 | 0.0323 | 0.0320 | 0.0308 | 0.0302 | 0.0305 | 0.0332 | 0.0359 | 0.0332 |
| 湖南 | 0.0228 | 0.0422 | 0.0401 | 0.0376 | 0.0395 | 0.0391 | 0.0370 | 0.0759 | 0.0730 | 0.0774 |
| 广东 | 0.1053 | 0.1078 | 0.1190 | 0.1193 | 0.1110 | 0.1028 | 0.1037 | 0.0948 | 0.0958 | 0.0837 |
| 广西 | 0.0288 | 0.0282 | 0.0282 | 0.0260 | 0.0244 | 0.0244 | 0.0240 | 0.0224 | 0.0350 | 0.0249 |
| 海南 | 0.0152 | 0.0170 | 0.0166 | 0.0165 | 0.0151 | 0.0161 | 0.0173 | 0.0122 | 0.0138 | 0.0154 |
| 重庆 | 0.0168 | 0.0183 | 0.0196 | 0.0227 | 0.0246 | 0.0228 | 0.0232 | 0.0205 | 0.0210 | 0.0204 |
| 四川 | 0.0498 | 0.0346 | 0.0353 | 0.0331 | 0.0347 | 0.0342 | 0.0370 | 0.0353 | 0.0414 | 0.0400 |
| 贵州 | 0.0129 | 0.0125 | 0.0112 | 0.0127 | 0.0136 | 0.0131 | 0.0143 | 0.0133 | 0.0150 | 0.0167 |
| 云南 | 0.0398 | 0.0360 | 0.0300 | 0.0286 | 0.0307 | 0.0369 | 0.0457 | 0.0346 | 0.0403 | 0.0382 |
| 西藏 | 0.0047 | 0.0026 | 0.0040 | 0.0032 | 0.0030 | 0.0040 | 0.0021 | 0.0022 | 0.0029 | 0.0033 |
| 陕西 | 0.0200 | 0.0180 | 0.0193 | 0.0273 | 0.0280 | 0.0271 | 0.0262 | 0.0268 | 0.0333 | 0.0321 |
| 甘肃 | 0.0143 | 0.0215 | 0.0195 | 0.0170 | 0.0153 | 0.0165 | 0.0157 | 0.0142 | 0.0152 | 0.0163 |
| 青海 | 0.0047 | 0.0028 | 0.0025 | 0.0054 | 0.0043 | 0.0040 | 0.0043 | 0.0046 | 0.0050 | 0.0056 |
| 宁夏 | 0.0038 | 0.0053 | 0.0050 | 0.0046 | 0.0060 | 0.0064 | 0.0064 | 0.0042 | 0.0039 | 0.0045 |
| 新疆 | 0.0185 | 0.0190 | 0.0187 | 0.0206 | 0.0198 | 0.0201 | 0.0176 | 0.0172 | 0.0169 | 0.0203 |

## 3.4 本章小结

本章通过对已有相关文献的梳理，分别为环境规制强度、旅游产业结构以及旅游产业竞争力构建了评价体系，并以此为基础测度了2007—2016年我国31个省区市的环境规制强度指数、旅游产业结构指数以及旅游产业竞争力指数。

环境规制强度指标体系涵盖了经济类指标（考察对环境治理的投入强度）、行政类指标（考察环境政策执行力度对环境规制强度的影响）、排放类指标（考察工业污染物排放强度）、健康类指标（考察环境对劳动力健康的影响）以及效率类指标（考察行政规定执行程度）等五大类21个指标。相较以往对环境规制强度的测度，该指标体系涵盖了影响环境的主要因素、环境对经济增长的反作用（健康类指标的考察）因素以及环境治理过程中的效率因素，其指标组成更全面、更具有代表性，其测度结果更符合现实状况。从测度结果来看，2007—2016年，我国31个省份环境规制强度的波动区间为［8.11，58.15］。整体而言，虽然我国环境规制强度的总体水平并不高，但是有增强的趋势。从年平均值来看，上海的环境规制强度为56.34，远高于其他省份；在排名前10位的省份中，有6个属于东部地区，3个属于西部地区，1个属于中部地区，反映出东部地区对环境质量的要求普遍高于中、西部地区。

旅游产业结构指标体系涵盖产业规模评价、产业结构同构化程度评价、产业结构高级化程度评价、产业结构变迁程度评价4个方面内容共7项指标。从测度结果来看，2007—2016年，我国31个省区市旅游产业结构指数的分布区间为［10.60，78.39］，总旅游产业结构指数年均值为25.97，整体呈现水平波动的趋势。从各省份的年平均值来看，旅游产业结构指数排名前5位的分别是贵州（74.01）、云南（37.31）、广东（36.09）、安徽（32.25）和辽宁（31.96）；排名前10位的省份中，东部地区有4个，西部地区有3个。相比较而言，中部地区旅游产业结构指数显著低于东部、西部地区，这也反映出中国旅游产业东部、西部地区较为发达，而中部地区较弱的格局。

旅游产业竞争力指标体系涵盖产业专业化程度评价、产业获利能力评价、从业人员竞争力评价、市场自由程度评价与资源禀赋评价等5个方面内容共 11 项指标。从测度结果来看，2007—2016 年，我国 31 个省份旅游产业竞争力指数的分布区间为［9.77，77.92］，总旅游产业竞争力指数年均值为 27.77，整体呈现稳步上升的趋势。从各省份的年平均值来看，旅游产业竞争力指数排名前 5 位的分别是北京（70.57）、上海（51.38）、广东（44.21）、海南（42.27）、江苏（42.19）；排名前 10 位的省份中，东部地区有 8 个，西部地区有 2 个。东部地区旅游产业竞争力显著强于中部、西部地区，这也反映出在我国省际旅游产业的竞争中，东部发达地区具有压倒性的优势。

同时，通过对相关指标的测度，我们也发现一个比较明显的问题，旅游产业结构高级化并不一定带来旅游产业竞争力的绝对提升。以贵州省为例，虽然该省在 2007—2016 年旅游产业结构指数一直高于其他省份，但是旅游产业的竞争力并不强，在全国的综合排名中仅为第 21。在分项的指标中，贵州省的旅游产业收入年平均增长率为 29.38%，在 31 个省区市中列第 2 位；旅游产业贡献率年平均值为 48.03%，列第 3 位；旅游产业偏依度指标年平均值为 2.13，列第 1 位；同构化指数的年平均值约为 0.80，列第 31 位。因此，不论是从发展势头还是从产业结构看，产业竞争力都产生了“倒挂”现象。造成这一现象的原因可能在于：首先，虽然贵州省旅游产业发展比较快，但是由于经济总量仍然偏小，因此竞争优势还不能完全释放；其次，在贵州省的旅游收入构成中，大部分是来自国内游客的消费，境外游客的旅游人数以及消费金额都偏低，这导致在竞争力评价体系中该项指标的权重偏低，进而影响整体竞争力的排名。

# 4 环境规制对中国旅游产业结构、竞争力的作用机制分析

由于旅游产业对自然资源的特殊依赖性，相较于其他产业，旅游产业对环境质量的要求更高，对环境质量的维护与改善也具有内在的能动性。

## 4.1 环境规制与旅游产业竞争力的作用关系

探讨环境规制对旅游产业竞争力的作用机制，关键问题是要厘清环境规制对旅游企业（产业）运营中各环节的影响过程。唯有将环境规制的影响深入旅游企业运营的内部过程，环境规制强度的变化才会切实影响旅游企业（产业）的竞争力。从本质上看，分析环境规制强度对旅游产业竞争力影响机制的过程，就是理解环境规制如何为旅游产业竞争力的提升提供动力，又或者是如何抑制旅游产业竞争力的提升。环境规制对旅游产业竞争力的影响分为直接效应和间接效应两种。直接效应通过调节企业污染治理的成本影响旅游产业竞争力；而间接效应则包括 *FDI*、研发投入强度（*R&D*，*RD*）、从业人员素质、产业结构调整、固定资产投资等方面因素。因此，本书借鉴王文普（2012）和蒋伏心等（2013）对环境规制与产业竞

争力影响机制的分析，将环境规制对旅游产业竞争力的影响分为直接影响和间接影响两种，并分析了相关影响机制的作用。

### 4.1.1 直接效应

直接效应是指由环境规制工具或行为直接作用于旅游产业竞争力而产生的影响，并非由于污染治理后环境的改善对旅游产业竞争力带来的影响。根据其对旅游产业竞争力的作用方向，直接效应又可进一步分为抵消效应和补偿效应。

1. 抵消效应

鉴于产业竞争力来源于产业内部各微观企业的经营活动，因此，必须先从环境规制对微观企业主要运营环节造成的影响入手，以对企业的分析为基础，方可得到产业层面的结论。

（1）增加企业运营成本。提高环境规制强度会从以下两个方面增加企业的成本负担：一方面，提高环境规制强度会增加旅游企业的相关税费、节能环保装置与设备的购置成本，以及景区的维护成本等，这些显性费用支出构成了旅游企业损害环境与净化环境的成本。另一方面，提高环境规制强度会提高旅游产业的进入门槛。以旅游产业中的酒店行业为例，酒店行业是能源使用大户，能耗管理、污水处理、中水回收等都与环境标准紧密相关，环境规制强度的提高显著增加了企业的经营负担。此外，在交通运输环节，环保能源的使用以及排放标准的提高都会增加流通环节的运营成本。

（2）加大企业管理难度。随着环境规制强度的提高，环境规制的标准会不断提高，环境规制的领域会不断扩大，这迫使旅游企业必须增加相应的部门、岗位以及人员，从而提高了旅游企业的管理成本。同时，更高的环境标准还会对企业的公共服务能力、社会责任等方面提出更高的要求。这些都会提高旅游企业的管理难度。

2. 补偿效应

政府进行环境规制的目的是保护生态资源、改善环境质量。对于积极响应政府环境规制政策的企业，政府不仅会在产业政策方面给予支持，还会对相关企业的生产、经营行为进行补贴，以弥补由于响应政府环境规制政策而导致的成本增加，鼓励企业进一步节能减排。然而，关于环境规制中的补贴行为，目前在学术界仍然存在较大争议。Baumol 和 Oates（1988）认为，政府的补贴行为在短期内能够实现污染减排的目标，但这一行为只对接受补贴的企业有效。从整个行业角度来看，该行为反而会导致排放总量的上升。然而，Ambec 和 Treich（2007）持有相反的观点，他们认为，环境友好的企业形象能为企业带来更多的外部资金支持。从目前我国的现状来看，政府已经着手制定绿色能源价格政策以及对新能源使用企业的优惠政策等，相关措施的出台将推动旅游产业自觉保护环境，促进竞争力的提升。财政补贴政策与环保相关优惠政策解决了旅游企业技术创新与增加环保投入的后顾之忧，对调动旅游企业主观能动性、提升企业形象与企业竞争力起到积极的促进作用。

从以上环境规制对旅游企业成本与收益的影响分析来看，如果提高环境规制强度只会增加旅游企业的成本，那么企业就会失去参与环境保护的动力，无法提高旅游企业的竞争力。

## 4.1.2 间接效应

环境资源的经济属性要求，旅游企业在使用该要素时也要支付相应的成本。生态资源作为旅游企业的核心要素之一，与土地、劳动、资本等要素共同构成了旅游企业的经营成本。环境规制对旅游企业经营成本的影响，是包括生态资源在内的所有要素共同作用的结果。环境规制不仅会通过直接效应影响旅游企业的经营行为，还会通过研发创新、FDI、人力资本建设等间接方式影响企业绩效，从而影响产业竞争力。

1. 人力资本挤出效应

环境规制对人力资源的影响在于环境规制强度的提高增加了企业污染治理的支出，这可能会挤占员工的收入与福利待遇，减少学习培训的机会，挫伤员工的工作积极性，缩窄员工能力与素质提升的通道，妨碍人力资本的积累，削弱对企业创新的智力支持。旅游企业要在环境规制强度提高的背景下，实现产品和服务的推陈出新、流程的改进、资源配置的优化等目标，而这都离不开技术创新。人力资本作为研发活动的主体，为技术创新提供了动力源泉。因此，如果旅游企业缺乏相关人力资本的积累，将无法有效推动技术创新活动的开展，从而制约竞争力的提升。

2. FDI 区位决策效应

FDI 作为企业资金的外部来源之一，为企业发展提供了外部技术与资金支持，它是企业增强竞争力的重要方式之一。Baumol 和 Oates（1988）认为，环境规制强度的改变会影响 FDI 的投资方向。为了尽可能地降低和规避资金风险，FDI 通常会选择环境标准与规制强度较低的区域。本书认为，这一论断仅适用于传统的制造业或者污染物排放较多的生产性产业（企业），环境规制的加强短期内会对这一类产业产生较强的挤出效应，削弱其产业竞争力。然而，旅游产业明显有别于上述类型的产业，生态环境与人文景观是旅游产业赖以生存和发展的根本。就算政府不进行环境规制，旅游企业也有可能通过自愿行为对环境资源进行维护（自愿规制）。因此，对旅游产业而言，提高环境规制强度既增加了产业吸引力，也容易吸引 FDI 的投资，进而有利于产业竞争力的提升。

3. 技术创新效应

由于提高环境规制强度对企业的研发投入会产生一定的挤出效应，因此，对旅游产业而言，普通的旅游企业一般只针对旅游线路以及相关服务等进行优化整合或技术改造。然而，技术（产品）研发一般具有资金投入大、风险高、投入回收周期长等特点，只有具备较强实力的大中型旅游企业才能针对大型的旅游产品或者服务项目进行研发。按照 Schumpeter（1934）的观点，具有技术研发优势的企业一般都是资金雄厚的大型公司或者垄断性组织。因此，环境规制的挤出效应对普通旅游企业会形成较大压力。当这些企业无法将增加的成本转嫁给消费者或者通过其他渠道进行抵消时，会迫使其进行技术革新，通过研发促进成本下降、效益增加，形成企业自有的核心竞争力，并在市场上形成竞争优势。

4. 资本积累挤出效应

旅游企业为达到更加清洁、环保的环境标准要求，会增加对废弃物存储、堆放、处理设备的投入，这一部分增加的投入，只是降低了企业因环境不达标带来的罚款与相关污染治理支出，并不会为旅游企业带来额外的直接经济收益。日趋严格的旅游景区环境标准以及清洁能源使用的推广等，都会对旧设备提出更新换代的要求，从而增加旅游企业的设备购买成本，进行更多的固定资产投资，这无疑会减少旅游企业的资本积累，对旅游企业运营资金形成挤出效应。此外，随着环境规制强度的提高，资源要素的价格也会进行相应调整，这一调整过程将使资源价格更准确地反映社会成本。随着对以往资源要素价格扭曲的改善，必然会增加旅游企业可变成本与旅游景区的维护成本，而且随着我国环境治理政策的推进，相关资源的价格会进一步上涨，这都对旅游企业的资金提出了更高的要求。

5. 产业聚集效应

环境规制强度的提高，会通过对资源要素的配置优化，促进旅游产业聚集，进而提升旅游产业竞争力。借鉴 Weber（1909）的工业区位理论，可以将环境规制对旅游产业聚集的影响过程划分为两个阶段：第一阶段，环境规制增加了旅游企业的可变成本与固定成本，这极大地限制了企业规模扩张的能力，制约了产业链的拓展与延伸，不利于形成产业聚集；第二阶段，环境规制力度的加强，提高了旅游产业的进入壁垒，对旅游产业而言，这不仅有利于改善目前产业内企业小、散、乱的局面，还有利于发挥产业集聚效应，形成以重点企业为龙头的大型旅游集团。

6. 市场效应

环境规制对旅游产业竞争力的作用，同样受到市场环境的影响。目前，随着我国旅游产业的快速发展，我国旅游市场大致可以划分为三种类型：第一类为旅游观光型，主要以游览名胜古迹为主；第二类为休闲娱乐型，主要以自然山水、休闲娱乐、农家乐园为主；第三类为休闲度假型，主要以享受自然、身心休养为主。三种类型的旅游市场对旅游企业的要求呈递增状态，对相关环境质量、服务质量的要求也逐步提高。第一类旅游市场中的旅游企业以景区经营、导游服务、餐饮服务、住宿服务为主，且这些不同类型的企业基本处于分散经营的状态；第二类与第三类旅游市场中的企业多以观光、住宿、餐饮、休闲娱乐一体化的经营模式为主，这两类旅游市场，尤其是第三类旅游市场，多以有实力的大型旅游企业为主导。这三类市场虽然面对的环境规制标准基本相同，但是游客对它们的需求却有着显著的差异。因此，环境规制对相关旅游企业的影响与作用不尽相同。Chandler（1990）认为，在任何产业中，大企业的发展质量及其在市场的份额均直接决定了该产业的技术水平，并由此决定了该产业的竞争力水平。以第三类旅游市场为例，随着消费者消费能力的提高，对旅游产业的要求也越来越高。而环境规制强度的提高，不仅满足了消费者的需求，也成为旅游企业经营的内在动力。

### 4.1.3 综合影响

由于目前针对环境规制对旅游产业竞争力影响机制的研究非常有限，因此，本书尝试从直接效应和间接效应两个方面着手，厘清环境规制强度对旅游产业竞争力的影响机制。环境规制对旅游产业竞争力的影响既有正向补偿效应，又有负向抵消效应，这些不同效应的相互作用决定了旅游产业竞争力调整的方向。环境规制对旅游产业竞争力的影响是一个循序渐进、动态调整的过程，最终会推动形成以技术创新为导向、以产品与服务为核心的动态竞争优势。对上述各影响因素的分析，为我们理解相关要素在旅游产业竞争力形成过程中的具体作用提供了帮助，也为后续的经验分析厘清了思路。

## 4.2 环境规制与旅游产业结构的作用关系

李强（2013）的研究结果表明，环境规制显著促进了产业结构调整，且环境基础设施建设对产业结构调整具有较强的促进作用。具体表现为以下四个方面：

（1）环境规制强度的提高通过技术创新的补偿与溢出效应得以实现，进而促进旅游产业结构的升级。在现有研究中，关于环境规制对技术创新的影响，学者持有不同的观点，但是技术创新对产业结构升级具有正向促进作用的观点得到了一致认同。臧传琴和张菡（2015）的研究表明，东部地区与中部、西部地区不仅在环境规制对技术创新的作用大小上存在区别，在作用方向上也存在显著的差异，由此他们认为，环境规制对技术创新的作用存在显著的区域差异。余东华和胡亚男（2016）的研究表明，环境规制对技术创新有显著的正向促进作用。但是，不同行业的作用大小存在显著差异。具体到旅游产业，袁尧清（2014）的研究表明，技术创新能够显著促进旅游产业结构升级，并且这一过程存在变革、动荡、主导三个阶段。

（2）环境规制强度的提高对资源要素产生集聚效应，从而促进旅游产业结构升级。资源要素的聚集有利于形成规模效应，能够在降低成本的同时，调整和优化区域内产业结构。陶长琪和周璇（2015）的研究表明，环境规制强度的提高促进了资源要素的集聚，且环境规制强度与省域环境全要素生产率呈正比例关系。刘建国和刘宇（2015）在对杭州旅游产业全要素生产率及影响因素的研究中发现，规模效率能够显著提高全要素生产率，进而促进旅游产业结构的优化升级。

（3）环境规制强度的提高加速了金融工具与旅游产业的融合，助推了旅游产业的结构升级。任何产业的发展都离不开资金的支持，然而，企业自有资金往往无法满足扩大再生产对资金的需求，因此，外部金融市场对产业的发展有着重要的支持作用。罗超平等（2016）的研究表明，一方面，我国产业结构的升级与金融业的发展存在长期稳定的关系，尤其是在金融规模、金融经营效率、金融产出率等指标方面，均与产业结构升级存在正向均衡关系。另一方面，随着我国金融市场的快速发展，金融产品及服务日益丰富。通过金融创新可以实现旅游产品与服务的差异化，强化金融机构与旅游产业的合作，将金融产品融入旅游产品，提升旅游产品附加值；整合旅游产业供应链条，嵌入互联网金融，实现对旅游产品与服务交易的扩充，创造新的旅游消费需求。通过旅游产品与服务的品质化、多样化，实现旅游产业结构的优化与升级。

（4）较高的环境规制强度提高了外商直接投资的进入门槛，能够促进旅游产业结构的优化与升级。张林（2016）的研究表明，FDI 对产业结构合理化和高级化具有显著的正向促进作用。环境规制强度的提高有利于外商直接投资资金的合理分布，缓解行业以及区域间外部资金利用的不平衡。同时，环境标准的提高与政策执行力度的加强，有利于外商直接投资相对落后、有潜力地区的优质旅游资源，通过技术替代与升级，促进区域旅游业跨越式发展。环境规制对 FDI 的影响在于：过低的环境标准与执行力度会导致被投资地区成为“污染避难所”（石灵云等，2007；张华初和李永杰，2007）。“污染避难所”假说认为，由于环境标准低的地区对污染密集型产业更具吸引力，这会导致污染密集型产业从环境标准高的地区转移出去，造成污染密集型产业接收地区（东道国）的环境恶化。为避免成为“污染避难所”，必须合理地提高环境标准，这不仅有利于外部资金的引进，更有利于经济与环境健康、协调、可持续发展。目前，中国整个旅游产业使用的外资金额相对较多，主要投资流向为涉旅酒店业、旅行机构以及部分景区、景点的开发，但在资金利用方面仍存在很大的行业不平衡以及区域不平衡（王玉莲，2012）。

## 4.3 旅游产业结构与竞争力的作用关系

通过本书 2.6 节、4.1 节以及 4.2 节的分析可知，随着旅游产业结构的升级，生产要素也会相应地经历从低级到高级、从一般到专业化发展的过程。在 Porter 的竞争优势理论中，生产要素作为构成竞争力的核心要件之一，是形成竞争优势的基础性条件。结合优势理论与相对优势理论，专业化的生产要素相较于一般性生产要素而言，其生产经营效率更高、经济效益更好，从而更具有使用价值。因此，产业结构的升级往往伴随着竞争力的提高。同时，产业结构升级的过程往往是产业内企业之间兼并重组、优胜劣汰以及资源优化组合的过程。在这一过程中，留存企业的实力不断增强，参与市场竞争的能力也不断提高。

结合本书 3.2.4 小节与 3.3.4 小节中 31 个省区市旅游产业结构与旅游产业竞争力的变化趋势，从图 4-1 中可以看出，2007—2016 年 31 个省区市旅游产业结构指数均值与旅游产业竞争力指数均值的变化趋势基本保持一致，进一步证实了两者之间存在正向关联作用。

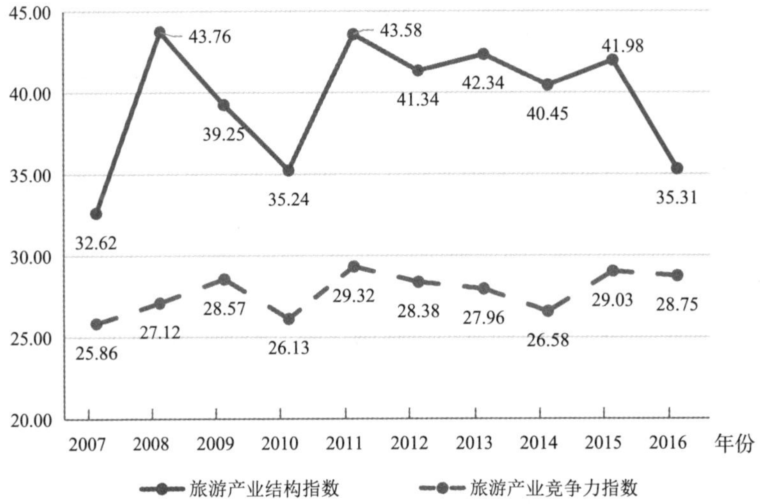


图 4-1 2007—2016 年旅游产业结构指数均值与旅游产业竞争力指数均值的变化趋势比较

## 4.4 机制与路径分析

基于以上分析，本书以环境质量作为环境规制强度与旅游产业结构、旅游产业竞争力关系研究的起点，在逻辑上对三者之间的作用机制进行推导。

一般认为，环境规制是为了应对环境质量问题而采取的外部强制性措施，因此相比较而言，环境质量好的地区其环境规制政策会更宽松，规制的强度也相对较低。在逻辑上，虽然环境规制强度作为环境质量的被解释变量，两者之间应该呈现负相关关系，但是这一关系尚需实证检验。

政府实施环境规制后，规制效应从以下五个方面进行传导：

第一，提高环境质量标准，控制污染排放总量。具体对旅游企业而言，其内容涉及能源消耗、污染物排放、废弃物的仓储与处置、旅游风景区环境的维护与修缮等方面。一方面，这样做增加了旅游企业的运营成本，如更换更加节能环保的能源设备、交通工具、废弃物回收处理的装置等，这表现为环境规制的成本效应或挤出效应；另一方面，由于运营成本的增加，企业获利下降，因此激发了旅游企业的创新与研发，如开发新的旅游资源、提供更多元化的高质量旅游产品与服务，这表现为环境规制的技术创新效应或激励效应。对旅游企业而言，企业是否会因环境规制强度的提高获利，取决于挤出效应与激励效应的角力。

第二，在提高环境规制强度的同时，政府也会加大对环保基础设施的供给与投入。如环保能源的开发、环保交通工具的投入、废弃物的处置装置等，这些都为旅游企业带来了良好的外部性，但这一逻辑推导有待实证检验。同时，政府将环境约束纳入企业（产业）的融资政策，企业污染排放是否达标直接影响企业的市场融资能力，进而影响企业的运营绩效。

第三，在环境规制强度提高的同时，区域内企业（或资本）也提高了进入门槛。我国旅游产业的发展与建设，不仅需要国内资金的支持，还需要大量的外部资金介入，如 FDI。由于旅游产业对环境质量以及生态资源的高度依赖，因此，与其他工业产业不同，提高环境规制强度有利于旅游产业的发展，增强旅游产业对 FDI 的吸引力。

第四，旅游产业的发展离不开对旅游风景区的建设与人力资源的投入，环境质量对旅游景区而言至关重要。同时，旅游风景区与人力资源是旅游企业经营发展的核心要素，旅游风景区的数量与质量、从业人员的数量与质量深刻地影响旅游企业的生存与发展。恶劣的环境质量容易滋生各种疾病，影响人们的身体健康，更影响从业人员的劳动绩效。因此可以推断，旅游企业的绩效（旅游产业的竞争力）与从业人员的健康程度呈正相关关系。这一逻辑推断也有待实证检验。

第五，旅游产业由旅游企业组成，各旅游企业的数量与质量决定了旅游产业的构成。若将区域内所有旅游企业绩效平均化，即去除规模效应，那么本书认为可以将产业竞争力与标准企业的绩效等同对待，也就是说，产业竞争力与企业绩效在功效上基本一致。因此，旅游产业结构对旅游产业竞争力也会产生正向影响。

通过以上对环境规制强度与旅游产业竞争力影响的逻辑推导，我们可以得出环境规制对旅游产业竞争力的影响路径，见图 4–2。

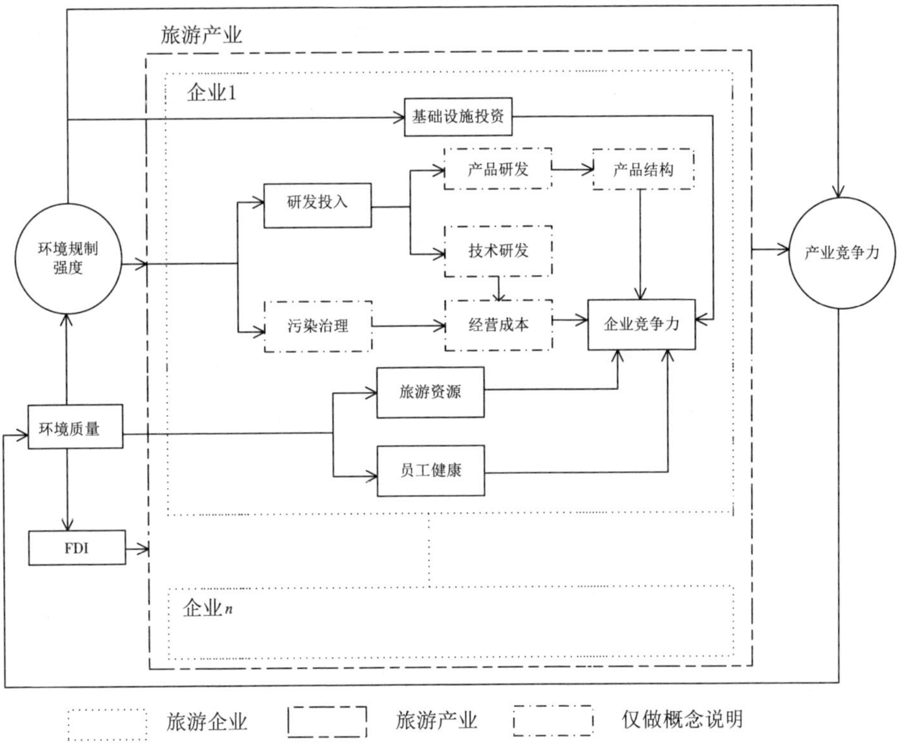


图 4–2　环境规制—产业结构—产业竞争力影响机制

（1）环境规制对旅游企业竞争力的影响路径。首先，在成本方面，加大环境规制强度会提高涉旅企业的运营成本。一方面，随着环境标准的提高与环境政策执行力度的加强，旅游景区、相关餐饮业、酒店住宿业、旅游运输业等对环境质量的要求也会相应提高，整理、整顿与改善的成本支出会相应增加，为企业带来一定的成本负担，形成成本效应；另一方面，由于标准的提高，行业进入的门槛相应提高，这不仅有利于资金雄厚、有实力的企业进入，还有利于更加精细化、多元化、品质化的经营，形成旅游业的门槛效应。其次，在创新能力方面，不论是新古典的外生增长理论还是新增长理论的内生增长理论，都强调创新对经济增长的作用。旅游业的创新涵盖两个方面：一是制度创新，主要包括政府机构对旅游业的立法与行政管理制度的创新；二是业态创新，主要包括区域空间整合、相关产业间的融合、互联网及物联网的技术融入等，具体体现在旅游景区开发、旅游线路开发、运营模式创新等方面。通过这些旅游创新举措，创造潜在旅游消费群体与消费模式，形成环境规制对旅游业的创新补偿机制，实现资源的优化整合与创新能力的提高，进而提升市场竞争力（Porter, 1991）。本书涉及的创新主要指业态创新。影响创新能力的因素主要有研发经费和人力资本的投入等方面（盛斌和马涛，2008）。曹泽和李东（2010）、李强（2013）、朱月友（2017）的研究表明，研发经费投入的多少与科技创新能力的强弱呈正相关关系；任何研发创新都离不开重要的载体——人，投入创新研究人员的数量、素质直接影响创新成果的数量与质量。曹翔和郭立萍（2017）的研究表明，人力资本作为旅游业与经济增长的中介，起着正向的调节作用。因此，人力资本的综合素质也与研发创新能力呈正相关关系。张平（2016）等的研究表明，环境规制与企业创新之间存在显著的正相关关系，不同规制工具的应用使企业创新产生显著差异——费用性规制工具会对企业创新产生“挤出效应”，增加企业的经营成本且不能促进企业创新；投资性规制工具会对企业技术创新产生“激励效应”，提升企业竞争力，降低企业的经营风险；环境基础设施建设投资对企业技术创新具有显著的促进作用。最后，旅游消费行为过程中会产生大量的生活垃圾与“白色污染”，造成对景区生态环境的破坏。环境规制强度的提高，有利于维护景区环境质量，是旅游景区可持续发展的重要保障。李进兵（2011）的研究表明，旅游企业与生态环境、旅游资源之间存在自愿保护机制。

（2）旅游产业结构对产业竞争力的影响路径。经济增长本质上以产业结构变动为核心，经济增长与产业结构具有相互依赖的关系。同时，经济增长与竞争优势（竞争力）密不可分。因此，产业结构与产业竞争力之间以经济增长为纽带，形成了相互影响、相互促进的机制。大量研究表明，产业结构的优化、提升会在产业发展过程中形成竞争优势。

（3）环境规制对旅游产业竞争力的影响路径。Peng 和 Yuan（2019）的研究表明，环境规制强度与旅游产业竞争力之间存在显著的非线性关系。任何产业的发展都离不开外部市场环境，良好的外部环境能够促进产业集聚发展（石灵云等，2007），而且旅游业高度外部关联的产业特性（张华初和李永杰，2007），决定了旅游业的外部环境对其发展的重要性。刘朝文（2017）的研究表明，导致经济发达地区与经济欠发达地区旅游产业发展差异的一个重要因素在于基础设施建设资金投入的差别。经济发达地区经济实力越强，财政收入状况越好，在基础设施上的投入就越多、越齐备，同时，经济发达地区对生态环境质量的要求会越高，对环境治理的投入会越大。旅游业是一个对生态环境质量非常敏感的产业，良好的区域环境能够带动和促进区域内旅游业的发展，为区域旅游业发展“搭便车”提供便利。

从图 4-2 可以看到，旅游产业污染治理的经营成本、产品结构、产品研发以及技术研发因无法获取相关的数据，在此仅作为概念展示，以保证机制过程的完整。

## 4.5 本章小结

本章从环境规制对旅游产业竞争力影响路径的逻辑推导入手，对环境规制强度、旅游产业结构、旅游产业竞争力三者之间相互作用形成的机制与路径进行了理论研究。

通过分析机制和路径，本书认为环境规制强度、旅游产业结构以及旅游产业竞争力之间存在以下影响路径：

（1）环境规制强度影响旅游企业的经营行为。环境规制强度通过对研发投入强度、人力资源投入、旅游资源、FDI、基础设施建设投入等要素产生影响，调节旅游企业竞争力。

（2）环境规制强度影响旅游产业结构。环境规制强度通过对研发投入强度、FDI、基础设施建设、从业人员素质等要素进行调节，引导调节旅游产业结构升级。

（3）环境规制强度通过旅游产业结构对旅游产业竞争力的中介效应，进而对旅游产业竞争力产生影响。

# 5 环境规制、旅游产业结构与旅游产业竞争力关系的实证检验

第 4 章环境规制强度对旅游产业结构、产业竞争力影响机制的探讨仅是对相关概念的理论研究，本章针对第 4 章的研究结果进行了相关的实证检验。

## 5.1 模型设定

通过上文环境规制强度与旅游产业结构、旅游产业竞争力三者之间作用机制的研究，我们可以认为，环境规制强度的变化会引起旅游产业结构、旅游产业竞争力的变化；同时，旅游产业结构的改变也会影响产业竞争力做出相应的调整，具体三者之间的影响关系如图 5–1 所示。从图中可以直观地看出，环境规制不仅会对旅游产业竞争力直接产生影响，还会通过旅游产业结构的传导间接影响旅游产业竞争力。

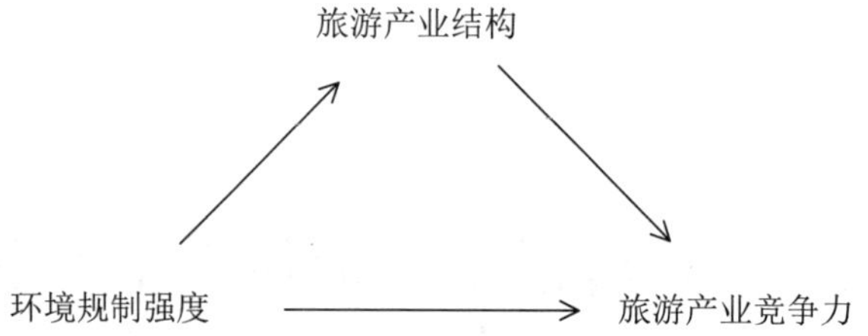


图 5–1　环境规制强度、旅游产业结构、旅游产业竞争力三者之间的影响关系

为此，本书以环境规制对产业结构以及竞争力影响的相关理论为框架，构建了以旅游产业竞争力（*TCA*）为被解释变量，环境规制强度（*ERI*）和旅游产业结构（*TIS*）为主要解释变量，研发资金投入强度（*RD*）、外商直接投资（*FDI*）、旅游相关基础设施投资（*TII*）、本地区全社会融资能力（*FA*）、旅游从业人数比重（*TOP*）、环境相关疾病发病率（*IR*）、就业人员平均受教育年限（*HC*）、区域经济发展水平（以人均 GDP 衡量，*PGDP*），以及 A 级以上旅游风景区的每万人保有量（*NSA*）等 9 项指标为辅助解释变量的中介效应模型。其计量模型如下：

$$\begin{aligned} TCA_{it} = {} & \alpha_0 + \alpha_1 ERI_{it} + \alpha_2 ERI_{it}^2 + \alpha_3 ERI_{it}^3 + \alpha_4 TIS_{it} + \alpha_5 RD_{it} \\ & + \alpha_6 RD_{it}^2 + \alpha_7 FDI_{it} + \alpha_8 TII_{it} + \alpha_9 FA_{it} + \alpha_{10}\left(TOP_{it} \times HC_{it}\right) \\ & + \alpha_{11}\left(TOP_{it} \times IR_{it}\right) + \alpha_{12} PGDP_{it} + \alpha_{13} NSA_{it} + \varepsilon_{it} \end{aligned} \tag{5–1}$$

$$\begin{aligned} TIS_{it} = {} & \gamma_0 + \gamma_1 ERI_{it} + \gamma_2 FDI_{it} + \gamma_3 TII_{it} + \gamma_4\left(TOP_{it} \times HC_{it}\right) \\ & + \gamma_5 RD_{it} + \gamma_6 NSA_{it} + \xi_{it} \end{aligned} \tag{5–2}$$

$$\bar{\alpha} = \alpha_1 + 2 \times \alpha_2 \times ERI_{it} + 3 \times \alpha_3 \times ERI_{it}^2 + \alpha_4 \times \gamma_1 \tag{5–3}$$

为节省变量的使用，上述公式中的 $\alpha_0$、$\alpha_1$、$\alpha_2$ 以及 $\varepsilon_{it}$ 因各自的模型而取值不同。其中，$\alpha_0$、$\gamma_0$ 为截距项，$\alpha_1$ ～ $\alpha_{13}$、$\gamma_1$ ～ $\gamma_6$ 为各解释变量的系数，$\varepsilon_{it}$、$\xi_{it}$ 为残差项。环境规制强度对旅游产业竞争力影响总效应［式（5–3）］的计算方法：将式（5–2）代入式（5–1）后对 *ERI* 求偏导数，代入相关年

份各省的 *ERI* 数值以及式（5–1）、式（5–2）的估计系数，求出 2007—2016 年各省区市环境规制强度对旅游产业竞争力的总效应。为防止异方差对研究结果带来的偏误影响，在对以上模型进行回归验证时，本书采用了广义最小二乘法（GLS）对以上模型进行估计。

## 5.2 变量说明及相关检验

根据图 5–1 以及式（5–1）、式（5–2）、式（5–3），结合本书研究内容，确定实证研究所涉及的变量，如表 5–1 所示。

表 5–1 变量描述

| 变量 | 名称 | 描述 |
|---|---|---|
| *ERI* | 环境规制强度 | 取值区间［1，100］ |
| *TIS* | 旅游产业结构 | 取值区间［1，100］ |
| *TCA* | 旅游产业竞争力 | 取值区间［1，100］ |
| *FDI* | 外商直接投资 | 实际利用外商直接投资的人民币计价金额 /（人口数 × 平减指数）(元，人) |
| *TOP* | 旅游从业人数比重 | 旅游从业人数 / 第三产业从业人员数 |
| *IR* | 环境相关疾病发病率 | 出院人数（耳鼻喉疾病 + 结核病 + 肿瘤病 + 职业病）/ 人口数（人，万人） |
| *RD* | 研发资金投入强度 | 研发总支出 /GDP ×100% |
| *NSA* | A 级以上旅游风景区的每万人保有量 | A 级以上旅游风景区数 / 人口数（个，万人） |
| *FA* | 本地区全社会融资能力 | （国内贷款部分 + 自筹资金部分 + 其他部分）/ 全社会固定资产总额 ×100% |
| *TII* | 旅游相关基础设施投资 | （交通投资 + 住宿餐饮投资 + 水利环保投资）/ 全社会固定资产总额 ×100% |

续表

| 变量 | 名称 | 描述 |
|---|---|---|
| *HC* | 就业人员平均受教育年限 | 就业人员人均受教育年限 = 文盲、半文盲的就业人口比重 ×1.5+ 接受小学教育的就业人口比重 ×7.5+ 接受初中教育的就业人口比重 ×10.5+ 接受高中教育的就业人口比重 ×13.5+ 接受大专及以上教育的就业人口比重 ×17 |
| *EQ* | 环境质量 | 工业废水、工业废气、工业固体废物、危险物排放，逆指标法制作 |
| *PGDP* | 人均 GDP | 国内生产总值 /（人口总数 × 平减指数）（万元，人） |

计量回归模型的有效性基于参与模型数据的平稳性，为此，在对参与模型的变量进行统计性描述（见表 5–2）的基础上，本书对表 5–1 中列示的变量进行了单位根检验。

表 5–2　变量描述性统计

| 变量 | 描述 | 均值 | 标准差 | 最小值 | 最大值 |
|---|---|---|---|---|---|
| *TCA* | 旅游产业竞争力 | 27.77 | 12.68 | 9.77 | 77.92 |
| *ERI* | 环境规制强度 | 23.26 | 8.62 | 8.11 | 58.15 |
| *TIS* | 旅游产业结构 | 25.97 | 11.57 | 10.60 | 78.39 |
| *NSA* | A 级以上旅游风景区的每万人保有量 | 0.06 | 0.04 | 0.01 | 0.34 |
| *TOP* | 旅游从业人数比重 | 0.02 | 0.01 | 0.00 | 0.11 |
| *RD* | 研发资金投入强度 | 1.41 | 1.06 | 0.19 | 6.01 |
| *FDI* | 外商直接投资 | 272.38 | 294.24 | 0.57 | 1347.85 |
| *PGDP* | 人均 GDP | 2.48 | 1.31 | 0.53 | 6.76 |
| *IR* | 环境相关疾病发病率 | 49.56 | 25.66 | 3.42 | 147.07 |
| *FA* | 本地区全社会融资能力 | 91.18 | 10.37 | 31.12 | 98.74 |
| *TII* | 旅游相关基础设施投资 | 18.60 | 5.57 | 9.49 | 45.24 |
| *EQ* | 环境质量 | 69.57 | 17.98 | 20.95 | 100.00 |
| *HC* | 就业人员平均受教育年限 | 8.68 | 1.71 | 4.22 | 12.30 |

从表 5–3 的检验结果来看，不同的检验方法结论并不完全一致，需要更加稳健的检验。为此，本书进一步对所有模型用不同的方法（Kao、Pedroni、Westerlund）进行了面板协整检验，如表 5– 4 所示。结果表明，模型（5–1）至模型（5–2）均可以接受“存在协整关系”的备择假设，因此可以认为所有模型之间具有显著的长期稳定关系，使用这些变量进行实证分析不会形成伪回归。

表 5–3　单位根检验结果

| 变量 | LLC | | IPS | | Hadri | | Breitung | | Ht | |
|---|---|---|---|---|---|---|---|---|---|---|
| | *t* | *p* | *z-t* | *p* | *z* | *p* | *γ* | *p* | *ρ* | *p* |
| *ERI* | –7.343 | 0.000 | –6.929 | 0.000 | 6.989 | 0.000 | –5.382 | 0.000 | –0.103 | 0.000 |
| *TCA* | –6.223 | 0.000 | –4.597 | 0.000 | 7.489 | 0.000 | –2.814 | 0.002 | –0.026 | 0.000 |
| *TIS* | –7.205 | 0.000 | –5.197 | 0.000 | 8.509 | 0.000 | –0.944 | 0.173 | 0.078 | 0.000 |
| *RD* | –19.779 | 0.000 | –2.214 | 0.013 | 8.196 | 0.000 | 0.248 | 0.598 | 0.257 | 0.032 |
| *NSA* | –7.998 | 0.000 | –2.701 | 0.004 | 8.095 | 0.000 | 0.0285 | 0.511 | –5.251 | 0.000 |
| *TOP* | –4.912 | 0.000 | –5.813 | 0.000 | 5.96 | 0.000 | –5.819 | 0.000 | –0.028 | 0.000 |
| *IR* | –12.754 | 0.000 | –1.431 | 0.076 | 6.961 | 0.000 | 0.708 | 0.760 | 0.494 | 0.968 |
| *EQ* | –9.517 | 0.000 | –6.484 | 0.000 | 8.665 | 0.000 | –5.338 | 0.000 | –0.146 | 0.000 |
| *HC* | –5.600 | 0.000 | –4.355 | 0.000 | 5.638 | 0.000 | –4.858 | 0.000 | 0.043 | 0.000 |
| *FDI* | –1.356 | 0.088 | 0.785 | 0.784 | 8.799 | 0.000 | 4.717 | 1.000 | 0.683 | 1.000 |
| *PGDP* | –4.195 | 0.000 | 3.664 | 1.000 | 9.109 | 0.000 | 4.844 | 1.000 | 0.986 | 1.000 |
| *FA* | –11.198 | 0.000 | –0.466 | 0.321 | 6.632 | 0.000 | 1.482 | 0.931 | 0.197 | 0.449 |
| *TII* | –7.801 | 0.000 | 2.783 | 0.997 | 7.853 | 0.000 | 4.498 | 1.000 | 0.367 | 1.000 |
| Δ *ERI* | –6.513 | 0.000 | –7.723 | 0.000 | 14.206 | 0.000 | –7.811 | 0.000 | –0.407 | 0.000 |
| Δ *TCA* | –22.744 | 0.000 | –6.864 | 0.000 | 13.712 | 0.000 | –6.767 | 0.000 | –0.360 | 0.000 |
| Δ *TIS* | –12.404 | 0.000 | –7.214 | 0.000 | 12.534 | 0.000 | –2.823 | 0.002 | –0.251 | 0.000 |
| Δ *RD* | –23.777 | 0.000 | –6.672 | 0.000 | 11.439 | 0.000 | –5.865 | 0.000 | –0.003 | 0.000 |
| Δ *NSA* | –13.218 | 0.000 | –6.900 | 0.000 | 12.371 | 0.000 | –7.145 | 0.511 | –0.185 | 0.000 |
| Δ *TOP* | –9.455 | 0.000 | –7.545 | 0.000 | 11.881 | 0.000 | –8.589 | 0.000 | –0.367 | 0.000 |

续表

| 变量 | LLC | | IPS | | Hadri | | Breitung | | Ht | |
|---|---|---|---|---|---|---|---|---|---|---|
| | $t$ | $p$ | $z\text{-}t$ | $p$ | $z$ | $p$ | $\gamma$ | $p$ | $\rho$ | $p$ |
| Δ *IR* | -14.979 | 0.000 | -4.246 | 0.076 | 8.211 | 0.000 | -3.443 | 0.000 | 0.423 | 0.937 |
| Δ *EQ* | -12.492 | 0.000 | -8.229 | 0.000 | 18.967 | 0.000 | -9.626 | 0.000 | -0.500 | 0.000 |
| Δ *HC* | -8.686 | 0.000 | -6.967 | 0.000 | 11.176 | 0.000 | -9.155 | 0.000 | -0.351 | 0.000 |
| Δ *FDI* | -20.385 | 0.000 | -4.414 | 0.000 | 10.238 | 0.000 | -0.166 | 0.434 | 0.225 | 0.087 |
| Δ *PGDP* | -19.367 | 0.000 | -4.300 | 0.000 | 10.868 | 0.000 | -1.656 | 0.049 | 0.552 | 1.000 |
| Δ *FA* | -15.366 | 0.000 | -4.904 | 0.000 | 9.626 | 0.000 | -3.346 | 0.000 | 0.041 | 0.000 |
| Δ *TII* | -7.801 | 0.000 | 2.783 | 0.997 | 7.853 | 0.000 | 4.498 | 1.000 | 0.661 | 1.000 |

表 5-4　协整检验结果

| 模型 | Pedroni | | | Westerlund | Kao | | |
|---|---|---|---|---|---|---|---|
| | Modified Phillips-Perron t | Phillips-Perron t | Augmented Dickey-Fuller t | Variance ratio | Modified Dickey-Fuller t | Dickey-Fuller t | Augmented Dickey-Fuller t |
| 5-1 | | | | | $-2.697^{**}$ | $-5.709^{***}$ | $-3.527^{***}$ |
| 5-2 | $8.976^{***}$ | $-14.446^{***}$ | $-11.316^{***}$ | $1.875^{**}$ | -0.612 | $-2.536^{**}$ | $-1.492^{*}$ |

注：* 表示 $p<0.1$，** 表示 $p<0.05$，*** 表示 $p<0.01$；由于模型（5-1）中所含解释变量个数超过 7 个，因此无法进行 Pedroni 和 Westerlund 检验。

## 5.3　数据来源

上述指标的基础数据来源于 2007—2017 年《中国统计年鉴》、《中国环境统计年鉴》、《中国能源统计年鉴》、《中国卫生统计年鉴》、《中国科技统计年鉴》、《中国旅游统计年鉴》、《中国城市统计年鉴》、各省份统计年鉴、中国宏观经济数据库、北大法律数据库、EPS 数据库，以及樊纲和王晓鲁编制的《中国市场化指数 2011》和《中国市场化指数 2016》。由于

2016 年版的基期做了调整，本书为保持数据的连贯性，将 2011 年相关指数以 2016 年版为基础做出相应的调整。由于我国港澳台地区的相关数据无法完整获取，本书只选取了 31 个省、自治区和直辖市，以下均简称省份。对于数据来源中缺失的部分数据，本书采用移动平均法补齐。所有涉及价格的指标，均以 2000 年为基数平减。

## 5.4 结果分析

从对模型（5–1）和模型（5–2）的回归结果（见表 5–5、表 5–6）以及检验结果（见表 5–7）可以看出以下几点：

（1）环境规制强度（*ERI*）对旅游产业竞争力的直接效应是显著的非线性影响，由于三次项系数显著为正，二次项显著为负，故 *ERI* 与 *TCA* 呈现为正向加速关系。在其他变量保持不变的情况下，当环境规制强度在未达第一个临界值（环境规制强度值约为 18）时，提高环境规制强度对旅游产业竞争力会产生“激励效应”；当环境规制越过第一个临界值、未达到第二个临界值（环境规制强度值约为 37）时，随着环境规制强度的提升，环境规制对旅游产业竞争力的促进作用呈现递减趋势；当环境规制强度超过 37 时，提高环境规制强度对旅游产业竞争力产生的“激励效应”超越“挤出效应”，产生促进旅游产业竞争力快速提高的“净效应”；当环境规制强度达到 78 时，它对旅游产业竞争力的促进作用达到最大，此时再继续提高环境规制强度对产业竞争力的提升已无意义。分地区的样本中，三个地区环境规制强度对旅游产业竞争力的影响均同全国情形一致，呈现为正向加速关系，且都通过了显著性检验。从系数值看，东部地区的环境规制的两个拐点值分别为 24 和 39，极限值为 62；中部地区的两个拐点值分别为 18 和 23，极限值为 44；西部地区的两个拐点值分别为 22 和 28，极限值为 58。结合 2007—2016 年各省份环境规制强度均值来看，东部地区环境规制强度处于［39，62］区间的省份只有上海，处于［24，39］区间的省份有天津、福建、浙江、江苏和北京，处于［1，24］区间的省份有山东、河北、海南、广东和辽宁；中部地区环境规制强度处于［23，44］区间的省份有山西和湖南，处于［18，23］区间的省份有安徽、河南、江西、吉林和湖北，处于［1，18］区间的省份是黑龙江；西部地区环境规制强度处于［28，58］区间的省份只有云南，处于［22，28］区间的省份有陕西、贵州和甘肃，处于［1，22］区间的省份有内蒙古、宁夏、广西、重庆、四川、新疆、西藏与青海。由此可以看出，天津、福建、浙江、江苏、北京、安徽、河南、江西、吉林、湖北、陕西、贵州和甘肃等 13 个省份若增加旅游产业竞争力，从环境规制方面看存在两个方向，即降低环境规制强度与提高环境规制强度。如果选择降低环境规制强度，则会落入"环境竞次"的陷阱；而且，降低环境规制的强度也有悖于国家环境治理的政策。因此，从全国来看，提高环境规制强度对旅游产业竞争力起到有益的促进作用。

表 5-5　中介模型（5-1）回归结果

| 变量 | 地区 | | | |
|---|---|---|---|---|
| | 全国 | 东部 | 中部 | 西部 |
| *ERI* | 1.596*** | 5.693*** | 6.282* | 5.093*** |
| $ERI^2$ | −0.066*** | −0.190*** | −0.309* | −0.208*** |
| $ERI^3$ | 0.001*** | 0.002** | 0.005* | 0.003*** |
| *TIS* | 0.147*** | 0.267*** | 0.255*** | 0.054*** |
| *RD* | 3.077** | 6.264** | 9.949* | 1.255 |
| $RD^2$ | 0.560** | 0.159 | −1.521 | −1.043 |

续表

| 变量 | 地区 | | | |
|---|---|---|---|---|
| | 全国 | 东部 | 中部 | 西部 |
| *TOP*× *IR* | −0.004*** | −0.004** | 0.005 | 0.004 |
| *TOP*× *HC* | 0.100*** | 0.080*** | 0.043 | 0.103*** |
| *FDI* | 0.004*** | 0.002 | −0.006** | 0.006 |
| *TII* | 0.125** | 0.082 | 0.074 | 0.282*** |
| *FA* | −0.306*** | −1.436*** | −0.202 | −0.340*** |
| *PGDP* | 1.858*** | 0.980 | −0.378 | 1.145** |
| *NSA* | 6.344 | 72.839** | 11.192 | −17.155 |
| 常数 | 17.990*** | 80.121** | −21.452 | −2.643 |
| N | 310 | 110 | 80 | 120 |
| 异方差检验 | 20266.47*** | 54381.14*** | 698.92*** | 8403.97*** |
| 序列相关检验 | 14..439*** | 8.054** | 29.675** | 9.594** |

注：* 表示 $p<0.1$，** 表示 $p<0.05$，*** 表示 $p<0.01$。

表 5-6 中介模型（5-2）回归结果

| 变量 | 地区 | | | |
|---|---|---|---|---|
| | 全国 | 东部 | 中部 | 西部 |
| *ERI* | 0.177*** | 0.092*** | −0.003*** | 1.315*** |
| *FDI* | 0.006*** | 0.006*** | −0.035*** | 0.021*** |
| *TOP*× *HC* | −0.012** | −0.015*** | 0.047*** | 0.043*** |
| *TII* | 0.388*** | 0.299*** | −0.226*** | 1.088*** |
| *RD* | −2.796** | 1.024*** | 21.591*** | −23.593*** |
| *NSA* | −9.999 | −49.713*** | 53.574*** | −248.723*** |
| 常数 | 33.565*** | 17.306*** | -3.907*** | 6.272*** |
| N | 310 | 110 | 80 | 120 |
| 异方差检验 | 3757.02*** | 594.52*** | 104.60*** | 3959.57*** |
| 序列相关检验 | 8.869** | 1.536 | 5.793** | 14.081** |

注：** 表示 $p<0.05$，*** 表示 $p<0.01$。

表 5-7　中介模型检验结果

| | 全国 | 东部 | 中部 | 西部 |
|---|---|---|---|---|
| Sobel test | 3.9184*** | 9.6194*** | -2.1174** | 3.1529** |
| Aroian test | 3.8994*** | 9.6193*** | -2.1035** | 3.1529** |
| Goodman test | 3.9377*** | 9.6196*** | -2.1315** | 3.1529** |

注：** 表示 $p<0.05$，*** 表示 $p<0.01$。

（2）通过计算环境规制强度对 31 个省份的旅游产业竞争力影响总效应（以下简称总效应）（见表 5-8）可知：①总效应的平均值（以 2007—2016 年 *ERI* 每年数值计算）显著大于平均值的总效应（以 2007—2016 年 *ERI* 的均值计算），且两种方法计算得出的 31 个省份的排名顺序一致。②环境规制强度对旅游产业竞争力影响的总效应最大的地区为上海，其总效应的平均值为 3.72，也就是说，在其他条件不变的情况下，环境规制强度每增加 1 单位，旅游产业竞争力会增加 3.72 单位；其次的排名依次为云南（0.89）、天津（0.62）、福建（0.56）、青海（0.43）、西藏（0.41）、浙江（0.33），其他 24 个省份的总效应平均值均小于 0.3；总效应最小的三个省份为广东（0.18）、海南（0.19）和安徽（0.19）。③ 2007—2016 年总效应的平均值约为 0.40（如果排除上海这样的极端值，均值为 0.29），这反映出我国环境规制强度整体提高 1 单位，旅游产业竞争力将总体提高 0.4 单位；分区域看，东部地区的总效应平均值为 0.61，中部地区为 0.22，西部地区为 0.32，由此可以看出，东部地区旅游产业竞争力对环境规制强度的敏感程度要显著高于中部、西部地区。④从历年总效应的变化趋势看，北京、天津、浙江、云南、陕西等省份呈现上升的趋势，反映出提高环境规制强度对这 5 个省份旅游产业竞争力的提升产生加速影响；江苏、湖南、贵州、内蒙古、新疆、青海、西藏等省份呈现下降的趋势，反映出提高环境规制强度对这 7 个省份旅游产业竞争力的提升作用呈递减态势；

山西呈现为先降后升的趋势，反映出该省提升环境规制强度对当地旅游产业竞争力的影响呈现为先减速后加速的效应；其他 18 个省份则呈现水平波动的趋势，反映出这 18 个省份提高环境规制强度对当地旅游产业竞争力的影响基本保持水平波动的态势；从全国整体看，总效应也呈现出围绕均值（0.40）水平波动的趋势。

表 5-8　2007—2016 年各省份环境规制强度对旅游产业竞争力影响的总效应（$\bar{\alpha}$）

| 省份 | 2007年 | 2008年 | 2009年 | 2010年 | 2011年 | 2012年 | 2013年 | 2014年 | 2015年 | 2016年 | 总效应的平均值 | 平均值的总效应 |
|---|---|---|---|---|---|---|---|---|---|---|---|---|
| 北京 | 0.24 | 0.17 | 0.20 | 0.20 | 0.20 | 0.26 | 0.27 | 0.28 | 0.28 | 0.25 | 0.23 | 0.21 |
| 天津 | 0.49 | 0.18 | 0.25 | 0.17 | 0.36 | 0.59 | 0.79 | 0.80 | 1.33 | 1.23 | 0.62 | 0.49 |
| 河北 | 0.18 | 0.23 | 0.22 | 0.24 | 0.18 | 0.18 | 0.19 | 0.22 | 0.18 | 0.20 | 0.20 | 0.17 |
| 山西 | 0.31 | 0.17 | 0.18 | 0.18 | 0.23 | 0.23 | 0.20 | 0.17 | 0.23 | 0.26 | 0.22 | 0.20 |
| 内蒙古 | 0.32 | 0.28 | 0.23 | 0.39 | 0.17 | 0.17 | 0.18 | 0.20 | 0.20 | 0.19 | 0.23 | 0.18 |
| 辽宁 | 0.18 | 0.27 | 0.20 | 0.39 | 0.18 | 0.17 | 0.17 | 0.18 | 0.18 | 0.18 | 0.21 | 0.19 |
| 吉林 | 0.20 | 0.19 | 0.21 | 0.35 | 0.23 | 0.22 | 0.18 | 0.19 | 0.18 | 0.18 | 0.21 | 0.20 |
| 黑龙江 | 0.27 | 0.33 | 0.27 | 0.45 | 0.26 | 0.22 | 0.18 | 0.21 | 0.22 | 0.23 | 0.26 | 0.25 |
| 上海 | 3.90 | 3.98 | 4.09 | 2.50 | 3.68 | 3.84 | 3.88 | 3.67 | 3.80 | 3.88 | 3.72 | 3.71 |
| 江苏 | 0.46 | 0.19 | 0.18 | 0.20 | 0.26 | 0.24 | 0.29 | 0.28 | 0.26 | 0.22 | 0.26 | 0.23 |
| 浙江 | 0.37 | 0.18 | 0.18 | 0.18 | 0.33 | 0.36 | 0.41 | 0.39 | 0.42 | 0.46 | 0.33 | 0.29 |
| 安徽 | 0.18 | 0.17 | 0.18 | 0.31 | 0.17 | 0.17 | 0.18 | 0.17 | 0.17 | 0.18 | 0.19 | 0.17 |
| 福建 | 0.17 | 0.22 | 0.22 | 2.88 | 0.22 | 0.34 | 0.44 | 0.36 | 0.39 | 0.41 | 0.56 | 0.31 |
| 江西 | 0.19 | 0.30 | 0.22 | 0.38 | 0.19 | 0.17 | 0.17 | 0.17 | 0.17 | 0.18 | 0.21 | 0.18 |
| 山东 | 0.18 | 0.17 | 0.17 | 0.26 | 0.19 | 0.18 | 0.20 | 0.20 | 0.20 | 0.21 | 0.20 | 0.18 |
| 河南 | 0.17 | 0.24 | 0.21 | 0.32 | 0.18 | 0.17 | 0.17 | 0.17 | 0.17 | 0.17 | 0.20 | 0.18 |
| 湖北 | 0.18 | 0.24 | 0.21 | 0.37 | 0.22 | 0.20 | 0.19 | 0.19 | 0.19 | 0.17 | 0.22 | 0.20 |
| 湖南 | 0.51 | 0.29 | 0.17 | 0.28 | 0.17 | 0.18 | 0.18 | 0.18 | 0.25 | 0.21 | 0.24 | 0.17 |
| 广东 | 0.17 | 0.20 | 0.20 | 0.24 | 0.18 | 0.17 | 0.17 | 0.17 | 0.17 | 0.17 | 0.18 | 0.17 |
| 广西 | 0.18 | 0.29 | 0.23 | 0.43 | 0.18 | 0.17 | 0.18 | 0.19 | 0.17 | 0.17 | 0.22 | 0.19 |

续表

| 省份 | 2007年 | 2008年 | 2009年 | 2010年 | 2011年 | 2012年 | 2013年 | 2014年 | 2015年 | 2016年 | 总效应的平均值 | 平均值的总效应 |
|---|---|---|---|---|---|---|---|---|---|---|---|---|
| 海南 | 0.17 | 0.18 | 0.17 | 0.29 | 0.17 | 0.17 | 0.21 | 0.17 | 0.17 | 0.17 | 0.19 | 0.17 |
| 重庆 | 0.20 | 0.23 | 0.21 | 0.36 | 0.17 | 0.17 | 0.19 | 0.20 | 0.20 | 0.21 | 0.21 | 0.20 |
| 四川 | 0.17 | 0.23 | 0.23 | 0.38 | 0.21 | 0.20 | 0.19 | 0.20 | 0.19 | 0.19 | 0.22 | 0.21 |
| 贵州 | 0.47 | 0.17 | 0.18 | 0.24 | 0.18 | 0.19 | 0.19 | 0.27 | 0.20 | 0.22 | 0.23 | 0.19 |
| 云南 | 0.18 | 0.97 | 1.31 | 0.79 | 0.71 | 1.00 | 1.07 | 1.07 | 0.86 | 0.98 | 0.89 | 0.80 |
| 西藏 | 0.63 | 0.64 | 0.55 | 0.75 | 0.21 | 0.40 | 0.19 | 0.27 | 0.26 | 0.23 | 0.41 | 0.36 |
| 陕西 | 0.18 | 0.17 | 0.18 | 0.30 | 0.21 | 0.23 | 0.31 | 0.31 | 0.25 | 0.25 | 0.24 | 0.20 |
| 甘肃 | 0.17 | 0.18 | 0.27 | 0.41 | 0.23 | 0.31 | 0.34 | 0.29 | 0.30 | 0.28 | 0.28 | 0.19 |
| 青海 | 0.54 | 0.58 | 0.49 | 0.60 | 0.38 | 0.36 | 0.32 | 0.38 | 0.35 | 0.30 | 0.43 | 0.42 |
| 宁夏 | 0.17 | 0.23 | 0.20 | 0.37 | 0.18 | 0.18 | 0.17 | 0.17 | 0.17 | 0.17 | 0.20 | 0.18 |
| 新疆 | 0.29 | 0.36 | 0.30 | 0.57 | 0.28 | 0.20 | 0.18 | 0.18 | 0.18 | 0.18 | 0.27 | 0.24 |

注：总效应的平均值是指分别计算各年的效应后，历年效应取平均值；平均值的总效应是历年效应取平均值后计算所得的总效应。

（3）从全国样本来看，旅游产业结构（*TIS*）对产业竞争力的影响表现为线性正相关关系，即旅游产业结构指数每增加 1 个单位，旅游产业竞争力会提升0.147。东部地区、中部地区和西部地区的旅游产业结构与竞争力也呈现正向线性关系：东部地区的影响系数为0.267，中部地区为0.255，西部地区为0.054，且三个地区的影响系数通过了显著性水平检验。

（4）从全国来看，由于*RD*的一次项和二次项系数均显著为正，研发资金投入与旅游产业竞争力的影响呈现为非线性的正“U”形关系，即研发投入强度对旅游产业竞争力的影响存在一个拐点（具体数值约为2.75%），当研发投入强度未达到拐点值时，提高研发投入强度会降低旅游产业竞争力；相反，当研发投入越过拐点后，研发投入的增加将快速提升本地区旅游产业的竞争力。这一结论与左冰（2011）的观点有较大差异。左冰认为，旅游产业是劳动密集型产业，而非技术密集型产业，研发投入对旅游业收入增长的作用并不显著。在分地区的样本检验中，东部地区 *RD* 的二次项系数虽然为正，但未通过显著性水平检验，因此研发投入强度与旅游产业竞争力呈现正向线性关系。中部地区的 *RD* 二次项系数虽然为负，但未通过显著性水平检验，因此研发投入也与旅游产业竞争力呈正向线性关系。西部地区的 *RD* 二次项系数为负，一次项系数为正，但二者均未通过显著性水平检验。

（5）旅游从业人数比重（*TOP*）对旅游产业竞争力的影响。从 $TOP \times HC$、$TOP \times IR$ 两个因素的系数看，旅游从业人员的受教育程度越高，旅游产业竞争力越强，高层次人才数量的增多对旅游产业竞争力有显著的提升作用；旅游业从业人员患病概率越大，旅游产业竞争力越低。在东部地区，上述关系仍然成立，且通过了显著性水平检验；西部地区从业人员受教育程度与旅游产业竞争力呈显著正相关关系，而旅游业从业人员的身体非健康状态与产业竞争力呈负相关关系，但这一关系未通过显著性水平检验；中部地区旅游业从业人员受教育程度与旅游产业竞争力呈正相关关系，而旅游业从业人员的身体非健康状态与产业竞争力呈负相关关系，但二者均未通过显著性检验。

（6）外商直接投资（*FDI*）与旅游产业竞争力呈正相关关系，且通过了显著性水平检验，这反映了增加旅游产业的外商直接投资能够促进旅游产业竞争力的提升。这一结论与郭栩东和武春友（2011）的研究结论相一致，他们的研究结果表明，*FDI* 的增加与旅游产业竞争力呈现显著的正相关关系。然而在分地区样本中，出现了差异化的结果，东部地区和西部地区 *FDI* 的增加会提升旅游产业竞争力，但这一结果并未通过显著性水平检验；在中部地区，*FDI* 与本地区旅游产业竞争力表现为显著的负相关关系，即在中部地区，*FDI* 的增加反而会削弱该区域旅游产业的竞争力，导致这一现象的可能原因在于中部地区的 *FDI* 更加倾向工业企业，工业企业的发展以及生产经营过程中造成的环境问题制约了该区域旅游产业竞争力的提升。

（7）旅游相关基础设施投资（*TII*）与旅游产业竞争力呈显著的正相关关系。在分地区的样本中，三个地区的系数均为正，反映了加大相关基础设施的建设能够提升旅游产业的竞争力，但其中仅有西部地区通过了显著性水平检验。产生这一结果的原因可能在于：东部、中部地区、尤其是东部沿海发达地区的基础设施已经比较完善，因此，继续增加相关基础设施的投入对旅游产业竞争力的影响效果并不十分显著；相反，西部地区多为经济欠发达和不发达地区，基础设施建设相较于东部与中部地区并不完善，因此，加大基础设施的投资力度能够对该地区旅游产业的发展有所助益。

（8）本地区全社会融资能力（*FA*）与旅游产业竞争力呈现显著的负相关关系，且这一结论在分样本的东部地区和西部地区也得到验证。这一结论有别于王满和史海波（2009）的观点，他们认为，企业融资能力下降会显著削弱企业竞争力。出现这一现象的原因可能在于旅游产业的发展面临大量的资金需求与较长的资金回收期。总体而言，目前经济的发展主要依靠工业经济的发展，地方财政的支持面临产业的选择，政府及金融机构的融资支持更倾向该区域内的工业产业，旅游产业难以形成有效的融资匹配。因此，社会平均融资能力与旅游产业竞争力呈现负相关关系。

（9）从全国样本及东部地区、中部地区来看，A 级以上旅游风景区每万人保有量（*NSA*）的增加，对旅游产业竞争力虽然有正向促进作用，但这一结果仅有东部地区通过了显著性水平检验，不仅反映了该地区 A 级以上旅游风景区每万人保有量的增加对本地旅游产业竞争力呈现显著的促进作用，还反映出随着人们物质生活质量的提高，对优质自然生态资源的需求增加；而对于西部地区，增加 A 级以上旅游风景区每万人保有量会削弱该地区旅游产业竞争力，原因可能在于西部的多数地区尤其是云南、贵州和四川等省份旅游自然资源（旅游风景区、景点）相对丰富，过度开发旅游风景区在增加开发成本投入的同时，只会加速旅游吸引物的同质化，西部地区旅游竞争力的提升，可以在现有旅游资源的基础上丰富产品供给，完善、提升旅游服务的品质。

（10）本地区经济发展水平的系数为 1.858，通过了 1% 的显著性水平检验，反映出各省经济发展水平与本省旅游产业竞争力呈显著的正相关关系。这一结果进一步印证了刘朝文（2017）的研究结论。然而这一结论在分地区样本中，东部地区和中部地区均未能通过显著性水平检验，且中部地区呈现负值。也就是说，中部地区经济发展水平的提高反而会降低该区域旅游产业竞争力，出现这一结果的原因可能在于中部地区经济增长主要来源于较高能耗和较高污染的工业产业，而这些工业产业的发展势必会导致当地生态环境的恶化，进而降低该地区旅游产业的竞争力。

考虑到模型（5-1）中，旅游产业结构与旅游产业竞争力之间可能存在内生性问题（由于资源要素的配置、优化与组合对旅游产业结构和旅游产业竞争力具有相同方向的影响），本书采用旅游产业结构（*TIS*）的滞后一期作为工具变量，采用工具变量法（Instrumental Variable，IV）对模型（5-1）进行了检验（结果见表 5-9）。一般认为，遗漏变量、测量误差以及样本选择等问题都会导致内生性问题，最终导致回归结果有偏且不一致。结合模型（5-1）的 Durbin-Wu-Hausman 检验（Wooldridge，2012）、Davidson-MacKinnon 检验，以及 GLS 法与 IV 法的 Hausman 检验结果看，在 1% 的置信区间内，检验的结果均不显著，如表 5-10 所示。因此，可以认为模型（5-1）中并不存在内生性问题。

表 5-9 工具变量法（2SLS）回归结果

| 被解释变量 | 解释变量 | 系数 | 被解释变量 | 解释变量 | 系数 |
|---|---|---|---|---|---|
| 第一阶段：*TIS* | *L1.TIS* | 0.416*** | 第二阶段：*TCA* | *TIS* | 0.218** |
| | *ERI* | −1.231 | | *ERI* | 1.398** |
| | $ERI^2$ | 0.060** | | $ERI^2$ | −0.045** |
| | $ERI^3$ | −0.0008** | | $ERI^3$ | 0.0004** |
| | *TOP×IR* | −0.003 | | *TOP×IR* | −0.005** |
| | *TOP×HC* | 0.008 | | *TOP×HC* | 0.049** |
| | *RD* | −1.707 | | *RD* | 6.759** |
| | $RD^2$ | 0.259 | | $RD^2$ | −1.387*** |
| | *FDI* | 0.005 | | *FDI* | −0.004* |
| | *TII* | −0.116 | | *TII* | −0.005 |
| | *NSA* | 42.54** | | *NSA* | 18.051* |
| | *PGDP* | −1.825 | | *PGDP* | 0.925 |
| Underidentification test | | 46.304*** | Instrumented： | *TIS* | |
| Weak identification test | | 540.18*** | Included instruments： | *ERI* $ERI^2$ $ERI^3$ *TOP×IR* *TOP×HC* *RD* $RD^2$ *FDI* *TII* *NSA* *PGDP* | |
| Sargan statistic | | 0.000 | Excluded instruments： | *L.TIS* | |

注：* 表示 $p<0.1$，** 表示 $p<0.05$，*** 表示 $p<0.01$。

表 5-10 内生性检验结果

| 检验方法 | 检验对象 | 系数 | 统计量 | *P* 值 |
|---|---|---|---|---|
| Hausman | OLS（FE）−IV | | $\chi^2=19.39$ | 0.036 |
| Davidson−MacKinnon | IV−OLS（FE） | 0.575 | F=1.235 | 0.449 |
| Durbin−wu Hausman | 第一阶段回归残差值在第二阶段回归中的系数 | −0.068 | Z=−1.40 | 0.162 |

最后，由于表 5-4 协整检验结果表明环境规制强度、旅游产业结构、旅游产业竞争力之间存在长期稳定关系，为此，根据模型（5-1）、模型

（5–2），采用EG两步法，构建环境规制强度、旅游产业结构对旅游产业竞争力影响总效应的短期误差修正模型（Wrror Correction Model，ECM）。具体公式如下：

$$\begin{aligned}\Delta TCA_{it} = {} & \beta_0 + r\varepsilon_{i,t-1} + \beta_1\Delta ERI_{it} + \beta_2\Delta ERI_{it}^2 + \beta_3\Delta ERI_{it}^3 + \beta_4\Delta TIS_{it} \\ & + \beta_5\Delta RD_{it} + \beta_6\Delta RD_{it}^2 + \beta_7\Delta FDI_{it} + \beta_8\Delta TH_{it} + \beta_9\Delta FA_{it} \\ & + \beta_{10}\Delta\left(TOP_{it} \times HC_{it}\right) + \beta_{11}\Delta\left(TOP_{it} \times IR_{it}\right) + \beta_{12}\Delta PGDP_{it} \\ & + \beta_{13}\Delta NSA_{it} + \varepsilon_{it}\end{aligned} \tag{5-4}$$

$$\begin{aligned}\Delta TIS_{it} = {} & \tau_0 + \iota\xi_{i,t-1} + \tau_1\Delta ERI_{it} + \tau_2\Delta FDI_{it} + \tau_3\Delta TII_{it} \\ & + \tau_4\Delta\left(TOP_{it} \times HC_{it}\right) + \tau_5\Delta RD_{it} + \tau_6\Delta NSA_{it} + \xi_{it}\end{aligned} \tag{5-5}$$

$$ECM_{i,\ t-1} = r + \beta_4 \times \iota \tag{5-6}$$

其中，Δ为差分符号，表示为各变量的一阶差分；$\varepsilon_{i,t-1}$ 和 $\xi_{i,t-1}$ 分别为模型（5–1）与模型（5–2）回归残差项的滞后一期值，即误差修正项；$r$，$\iota$，$\beta$，$\tau$ 分别为各解释变量的回归系数；$ECM_{i,\ t-1}$ 为总效应的误差修正值；$\varepsilon_{it}$ 和 $\xi_{it}$ 为残差项。

通过对模型（5–4）与模型（5–5）的回归结果进行分析，短期修正系数（$\varepsilon_{i,\ t-1}$ 和 $\xi_{i,\ t-1}$）值为负，且均在1%的置信区间显著，反映了在两个模型中，短期波动偏离长期均衡时，分别以 –0.1690 和 –0.1323 的调整力度将非均衡状态拉回均衡状态；$ECM_{i,\ t-1}$ 值约为 –0.1845，反映出当短期波动同时对旅游产业竞争力和产业结构产生影响时，会以 –0.1845 的力度将旅游产业竞争力从非均衡状态拉回均衡状态；两模型的 Durbin–watson 值均在2左右，反映两个模型无自相关性，如表5–11所示。

表 5–11　模型（5–4）与模型（5–5）误差修正模型（ECM）回归结果

| 模型（5–4） | | | 模型（5–5） | | |
|---|---|---|---|---|---|
| 变量 | 系数 | $P$ 值 | 变量 | 系数 | $P$ 值 |
| $\varepsilon_{i,\ t-1}$ | –0.1690 | 0.0000 | $\xi_{i,\ t-1}$ | –0.1323 | 0.0000 |

续表

| 模型（5-4） | | | 模型（5-5） | | |
|---|---|---|---|---|---|
| 变量 | 系数 | *P* 值 | 变量 | 系数 | *P* 值 |
| Δ *ERI* | 1.7420 | 0.0000 | Δ *ERI* | –0.0362 | 0.6123 |
| Δ $ERI^2$ | –0.0550 | 0.0003 | Δ *FDI* | 0.0046 | 0.3332 |
| Δ $ERI^3$ | 0.0005 | 0.0011 | Δ *TII* | 0.0077 | 0.9524 |
| Δ *TIS* | 0.1170 | 0.0012 | Δ（*TOP*×*HC*） | –0.0499 | 0.0744 |
| Δ *RD* | 2.6190 | 0.3762 | Δ（*TOP*×*IR*） | 0.0056 | 0.1693 |
| Δ $RD^2$ | –0.0360 | 0.5235 | Δ *RD* | –2.4574 | 0.4228 |
| Δ *FDI* | 0.0002 | 0.9539 | Δ *NSA* | 41.5684 | 0.0148 |
| Δ *FA* | 0.1300 | 0.2664 | — | | |
| Δ *TII* | –0.1039 | 0.1670 | | | |
| Δ *NSA* | 43.0410 | 0.0000 | | | |
| Δ（*TOP*×*HC*） | –0.0030 | 0.8708 | | | |
| Δ（*TOP*×*IR*） | 0.0008 | 0.7442 | | | |
| Δ *PGDP* | 0.3196 | 0.8369 | | | |
| 常数 | –0.0543 | 0.8796 | 常数 | –0.1088 | 0.7965 |
| $R^2$ | 0.3033 | | $R^2$ | 0.1063 | |
| Durbin–watson | 2.3675 | | Durbin–watson | 2.0889 | |
| AIC | 5.1568 | | AIC | 6.1951 | |

## 5.5 本章小结

本章从环境规制对产业竞争力影响路径的逻辑推导入手，对环境规制强度与旅游产业竞争力作用的形成机制与路径进行了经验验证。同时，实证检验了环境规制强度、旅游产业结构以及旅游产业竞争力三者之间的关系，即环境规制强度对旅游产业竞争力的影响存在三个区间。从全国来看，分别为［1，18］、（18，37）、［37，78］。在［1，18］和［37，78］两个区间内，提高环境规制强度能促进旅游产业竞争力的快速提升；而在（18，37）区间内，提高环境规制强度并不会提升旅游产业竞争力，反而有可能减缓旅游产业竞争力的提升速度。因此，提升本地旅游产业竞争力存在两种选择，即降低环境规制强度和继续提高环境规制强度。如果选择降低环境规制强度，则会落入"环境竞次"的陷阱。总体来看，提高环境规制强度能够在全国范围内提高旅游产业竞争力。分区域来看，东部地区的三个区间分别为［1，24］、（24，39）、［39，62］；中部地区为［1，18］、（18，23）、［23，44］；西部地区为［1，22］、（22，28）、［28，58］。从全国总体样本来看，2007—2016 年环境规制强度对旅游产业竞争力的总效应均值为 0.40，且呈现出水平波动的趋势。在分区域样本中，东部地区的$\bar{\alpha}$为 0.61，呈上升的趋势；中部地区的$\bar{\alpha}$为 0.22，呈缓慢下降的趋势；西部地区的$\bar{\alpha}$为 0.32，呈现水平波动的趋势。同时，旅游产业结构与本地区旅游产业竞争力具有显著的正向线性关系，即旅游产业结构的升级能有效促进产业竞争力的提高。从 ECM 模型的结果来看，当短期波动对旅游产业结构与旅游产业竞争力分别产生影响时，旅游产业结构、产业竞争力回到均衡状态的调整力度分别为 –0.1323 和 –0.1690，总效应的力度为 –0.1845。

在其他控制变量方面，全国样本中，研发资金投入强度与旅游产业竞争力虽然呈现显著的非线性正"U"形关系，但这一结果在分地区检验中出现了较大的区域差异，东部与中部两个地区的二次项系数均不显著，因此这两个地区的研发资金投入强度与旅游产业竞争力表现为线性的正相关关系，而西部地区的二次项系数与一次项系数均未通过显著性水平检验；*FDI* 对旅游产业竞争力产生正向影响，且通过了显著性水平检验，这反映了增加旅游产业的外商直接投资能够促进旅游产业竞争力的提升；旅游产业的基础设施投资强度与旅游产业竞争力呈显著的正相关关系；本地区全社会融资能力与旅游产业竞争力呈现显著的负相关关系；区域经济发展水平同样能显著提升旅游产业竞争力；而A级以上旅游风景区每万人保有量增加，对旅游产业竞争力虽然有正向促进作用，但这一结果并未通过显著性水平检验。

在分地区样本中，东部地区*FDI*的增加会提高旅游产业竞争力；加大基础设施投资强度能提升旅游产业竞争力；地区的经济发展水平的提升会促进旅游产业竞争力的提高。但这三个关系都未得到显著性支持。本地区全社会融资能力对旅游产业竞争力具有显著抑制作用。该地区A级以上旅游风景区每万人保有量的增加对本地旅游产业竞争力呈现显著的促进作用。在中部地区，仅*FDI*对本地区旅游产业竞争力表现为显著的负向关系，其他控制指标均未通过显著性水平检验。在西部地区，基础设施投入强度与区域经济发展水平均对旅游产业竞争力具有显著的正向提升作用；本地区全社会融资能力对旅游产业竞争力具有显著的抑制作用；而其他控制指标均未通过显著性水平检验。就旅游业从业人员受教育程度的影响而言，从业人员的文化程度越高，该地区的旅游产业竞争力就会越高于其他地区。这一正相关性不仅在全国样本中成立，而且在分区域的东部、中部和西部地区样本中仍然成立。在旅游业从业人员非健康因素对旅游产业竞争力的影响方面，旅游业从业人员的健康程度在全国范围内显著影响了区域旅游业的竞争力。从业人员越健康，旅游产业竞争力越强；相反，竞争力有下降的趋势。然而，这一结论虽然在全国样本中通过了显著性水平检验，但在中部和西部地区样本中却出现了异常——旅游业从业人员的身体非健康状态与旅游产业竞争力呈现正相关关系。这一现象有悖于一般的认识，这一问题笔者将在未来的研究中进行更加深入的研讨。

# 6 环境规制强度、旅游产业结构与旅游产业竞争力空间效应的实证检验

从第 5 章的分析中我们可以发现，由于普通面板数据回归模型所隐含的前提假设是各截面中的 31 个省区市之间相互独立，因此，回归的结果反映的是在各省区市之间独立、不相关的情形下，环境规制强度、旅游产业结构以及旅游产业竞争力三者之间的关系。然而，环境污染作为旅游经济的外部性因素，会随着大气、河流等载体在区域间扩散。地方政府对环境污染的治理除了对本地区环境产生影响外，也会对邻近地区环境产生影响，即产生空间的溢出效应。因此，环境规制的行为与结果会存在显著的空间依赖。此外，作为被解释变量的旅游业竞争力也可能存在空间依赖。在被解释变量和解释变量均表现出明显空间依赖时，采用传统回归模型将导致估计结果有偏误。因此，本章以第 5 章内容为基础进行了相关空间效应的实证检验。

## 6.1 相关理论

空间计量经济学是建立在地理信息系统（Geographic Information System，

GIS）、空间统计学以及计量经济学基础上的一门新兴交叉学科。研究目的是探索经济理论在空间分布下的特定效应。研究方法主要是以经济学理论为基础，通过建立相关的数学模型和使用专业软件，实现对经济理论空间效应的分析与研究。目前，空间计量经济学已成为计量经济学的一个重要分支。

空间数据打破了两个假设：一是空间异质性，打破了经典计量要求的所有样本都来自同一总体的假设；二是空间依赖（空间关联），打破了经典计量要求的所有样本都相互独立的假设，导致 OLS 估计不再是有效的估计，通常的统计推断不再适用。在处理空间数据时，要引入一些合适的空间计量方法，即对经典计量技术加以修改，以适应空间分析的需要。

空间异质性表现为在任意两个空间区域内相同事物之间存在区别或差异的现象（Anselin et al.,1988）。导致空间异质性的原因主要来自两个方面：①空间内的事物本身缺乏稳定结构；②空间区域的结构自身为非均质，各空间区域在形状、面积、密度等方面往往存在显著的差异。

空间依赖反映了空间区域内事物（或现象）之间相互促进、相互约束的关联与作用关系，这是事物之间区别与联系的固有属性，反映了空间现象的本质。如果事物之间存在空间依赖关系，则说明该事物会因为空间作用形成地理上的集聚，而这些空间作用的主要内容包括溢出效应、区域间贸易、知识传播以及其他因素。

任何事物（或现象）之间都存在着广泛的关联，这些关联中也包括事物（或现象）的地理空间联系，它们相互作用、彼此影响，并由此形成一些特定的空间分布形态与特征。具体而言，事物（现象）之间在空间上的分布状况、结构特征与演变过程等共同构成了空间模式。Cliff 和 Ord（1981）认为，事物（或现象）在时间与空间上的关联是影响空间模式发生、发展、演变的主要原因。根据时间与空间的差异将空间模式划分为三种类型：①时间关联模式，在此模式下，事物（或现象）之间的关联表现为空间区位相同，而时间不同；②空间关联模式，在此模式下，事物（或现象）之间的关联表现为空间区位不同，而时间相同；③时空关联模式，在此模式下，事物（或现象）之间的关联表现为空间区位与时间均不同。

空间权重矩阵是空间计量的核心内容之一。空间权重矩阵是空间统计、空间计量经济学的一个重要概念，是对空间概念的一个数字抽象，它是反映空间效应的主要工具。Chen（2009）指出，空间计量模型的最终估计结果和解释力都与空间权重矩阵的设置密切相关。空间权重矩阵的建立，本质上是要反映变量的空间依赖结构，而不是反映地理的或者抽象的空间格局。空间计量经济学使用空间权重矩阵的主要目标是将变量在空间上的观测和空间上其他单元上的观测联系在一起。联系的方式就是将空间权重矩阵和变量相乘，这样对于每一个空间单元，空间滞后就是其空间权重矩阵定义的相邻空间单元的一个加权平均。由于空间权重矩阵对空间计量结果存在显著影响，因此空间权重矩阵的构建与选择一直是空间经济研究中的重点和难点。

20世纪50年代，发展经济学家在探讨区域经济增长机制时就对区域经济溢出进行了理论阐述。Englmann和Walz（1995）将经济增长的空间效应定义为一种对企业所在邻近区域的其他企业或者特定区域内的企业所产生的知识外部效应。这个外部效应可以进一步区分为全局溢出和局部溢出两个概念。前者是指任何一个区域内的知识积累都会提高所有区域内企业的经济效益；后者是指一个区域内的知识积累只会使该区域内的企业受益，在此情形下，将导致经济在空间分布上呈现非均衡状态以及区域间经济增长出现差异扩大的趋势。通过对两种溢出效应的比较可以看出，全局溢出效应会对整体经济状况起到促进作用，而不会对局部区域起到强化作用，也不会促进区域产业的集聚和调节区域间的发展差异。

## 6.2 模型构建

环境污染作为旅游经济的外部性因素，不仅会随着大气、河流等载体在区域间扩散，也会随着旅游者的移动等方式在空间上传播。因此，环境污染相关因素在空间上会存在明显的关联效应。考虑到环境以及旅游都有典型的空间特征，故建立空间计量模型来分析环境规制以及省际旅游业竞争力的空间关联效应，具体形式见式（6–1）。

$$TCA_{it}=\alpha\iota_n+\rho\sum_{j=1,\ j\neq i}^{N}W_{ij}TCA_{it}+X_{it}\beta+\theta\sum_{j=1,\ j\neq i}^{N}W_{ij}X_{it}+\upsilon_t+\varepsilon_{it}$$
$$\varepsilon_{it}=\lambda\sum_{j=1,\ j\neq i}^{N}W_{ij}\varepsilon_{it}+\mu_{it} \quad (6\text{–}1)$$

式（6–1）为包含所有空间效应的一般嵌套模型（General Nesting Spatial Model，GNS）。其中，$\alpha\iota_n$ 为截距项，反映固定效应或随机效应；$\rho$ 为空间自回归系数；$\lambda$ 为空间自相关系数；$W$ 为我国 31 个省份的 31×31 阶空间权重矩阵；$X$ 包含环境规制强度（$ERI$）、旅游产业结构（$TIS$）、研发资金投入强度（$RD$）、外商直接投资（$FDI$）、本地区社会融资能力（$FA$）、A 级以上旅游风景区每万人保有量（$NSA$）、旅游相关基础设施投资（$TII$）、从业人员受教育程度（$TOP\times HC$）、从业人员环境相关疾病发病率（$TOP\times IR$）、人均 $GDP$（$PGDP$）等自变量；$\beta$ 和 $\theta$ 为待估参数系数；$\upsilon_t$ 为时间效应；$\varepsilon_{it}$ 为空间误差项。

在空间计量中，不同空间权重矩阵的设计对结果有着显著影响。因此，本书分别以 0–1 邻接矩阵、距离幂衰减矩阵（以下简称幂减矩阵）、经济距离矩阵、距离幂衰减与经济距离混合矩阵（以下简称地理 × 经济矩阵）、空间引力矩阵等五种空间权重矩阵考察环境规制强度对我国省际旅游业竞争力的空间溢出效应。五种空间权重矩阵的定义如下：

（1）0–1 邻接矩阵：以两区域是否相邻（Queen 邻接）作为空间权重矩阵构建的基础——相邻省份在权重矩阵中值为 1，不相邻则为 0，由于海南省为孤岛，为便于计算，本书将其设定为与广东相邻。

（2）幂减矩阵：

$$W_{it}=\begin{cases} d_{it}^{-\alpha}, & i \neq j \\ 0, & i \neq j \end{cases} \tag{6–2}$$

其中，$d_{it}$ 为 $i$ 省份与 $j$ 省份的欧氏距离，$\alpha = 2$。

（3）经济距离矩阵：以两区域 2007—2016 年人均 GDP 平均值差值的绝对值倒数作为空间权重，其公式为：

$$W_{it}=\begin{cases} \frac{1}{|\overline{GDP_i}-\overline{GDP_j}|}, & i \neq j \\ 0, & i \neq j \end{cases} \tag{6–3}$$

（4）地理 × 经济矩阵：

$$W_{it}=\begin{cases} \frac{1}{d_{ij}^{2} \times |\overline{GDP_i}-\overline{GDP_j}|}, & i \neq j \\ 0, & i \neq j \end{cases} \tag{6–4}$$

（5）空间引力矩阵：首先，本书借鉴李山等（2012）的方法，构造了 2007—2016 年中国 31 个省份的旅游吸引力指数（$ATTR$），结合各省同期旅游到访人数（$TP$），基于引力模型（James，1979），构建了中国旅游产业空间引力矩阵，其公式为：

$$W_{it}=\begin{cases} \frac{\overline{ATTR_i} \times \overline{ATTR_j}}{(\overline{TP_i}-\overline{TP_j})^2}, & i \neq j \\ 0, & i \neq j \end{cases} \tag{6–5}$$

其中，$\overline{ATTR_i}$ 为 2007—2016 年第 $i$ 省旅游吸引力指数平均值；$\overline{TP_i}$ 为同期第 $i$ 省游客到访量的平均值。

空间依赖关系来自三种交互效应：一是被解释变量自身的内生交互效应；二是解释变量的外生交互效应；三是来自误差项的交互效应。在实际应用中，根据式（6–1）中系数的不同，空间计量会区分为以下几种形式：

若$\rho \neq 0$、$\theta = 0$、$\gamma = 0$，为空间自回归模型（Spatial Autoregressive Model，SAR），用以检验由被解释变量内生的空间溢出效应；若$\rho = 0$、$\theta = 0$、$\gamma \neq 0$，为空间误差修正模型（Spatial Error Model，SEM），该模型测度了随机干扰项的空间依赖性；若$\rho \neq 0$、$\theta = 0$、$\gamma \neq 0$，为广义空间自回归模型（Spatial Autoregressive Combined Model，SAC），该模型考察了内生的空间溢出效应以及干扰项的空间依赖；若$\rho \neq 0$、$\theta \neq 0$、$\gamma = 0$，为空间杜宾模型（Spatial Durbin Model，SDM），该模型同时考察了内生的空间溢出效应与外生的空间溢出效应；若$\rho = 0$、$\theta \neq 0$、$\gamma = 0$，为空间滞后解释变量模型（Spatial Lag of X，SLX），该模型仅检验外生的空间交互关系；若$\rho = 0$、$\theta \neq 0$、$\gamma \neq 0$，为空间杜宾误差修正模型（Spatial Durbin Error Model，SDEM），该模型包括了外生空间交互效应以及干扰项的空间依赖；若$\rho$、$\theta$和$\gamma$均不为0，则模型为包含所有空间效应的一般嵌套模型（GNS）。本书的研究重点为环境规制对旅游业竞争力的空间溢出效应，因此，可选的模型有SAR、SAC、SLX、SDM、SDEM与GNS，受计量软件（Stata）的限制，本书的研究模型主要有SAR、SAC与SDM，估计方法为准极大似然估计（Quasi Maximum Likelihood，QML）。

在采用空间计量模型进行实证检验之前，我们先采用全局*Moran's I*指数对*IER*与*TCA*的空间依赖关系进行验证（Le Sage and Pace，2009），其公式为

$$Moran's\ I = \frac{\sum_{i=1}^{n}\sum_{j=1}^{n} W_{ij}(Y_i - \overline{Y})(Y_j - \overline{Y})}{S^2 \sum_{i=1}^{n}\sum_{j=1}^{n} W_{ij}} \qquad (6\text{-}6)$$

其中，$n$为研究空间单元的个数，$S^2 = \frac{1}{n}\sum_{i=1}^{n}(Y_i - \overline{Y})^2$，$\overline{Y} = \frac{1}{n}\sum_{i=1}^{n} Y_i$，$Y_i$表示第$i$个地区的*ERI*或*TCA*，$W_{ij}$是地区$i$和$j$之间的空间权重。*Moran's I*的取值范围为［-1，1］，1表示完全正相关，-1表示完全负相关，0表示不相关。

从中国省际区域环境规制强度的空间依赖关系分析可以看出，2007—

2016 年五种空间权重矩阵中，*ERI* 与 *TCA* 的全局 *Moran's I* 基本为正，表明各省份环境规制强度与旅游业竞争力存在正向空间依赖；*TIS* 的全局 *Moran's I* 则有负有正，表明旅游产业结构的空间依赖关系并不十分明确，具体依赖关系有待在后续的模型中检验。具体如表 6-1 所示。

表 6-1　2007—2016 年五种空间权重矩阵 *Moran's I* 值与 *Geary's C* 值

| 项目 | | | 2007 年 | 2008 年 | 2009 年 | 2010 年 | 2011 年 | 2012 年 | 2013 年 | 2014 年 | 2015 年 | 2016 年 |
|---|---|---|---|---|---|---|---|---|---|---|---|---|
| 邻接矩阵 | *ERI* | *Moran's I* | 0.325 | 0.114 | 0.121 | 0.068 | 0.206 | 0.155 | 0.151 | 0.165 | 0.168 | 0.144 |
| | | *Geary's C* | 0.516 | 0.673 | 0.679 | 0.719 | 0.589 | 0.649 | 0.652 | 0.643 | 0.637 | 0.650 |
| | *TIS* | *Moran's I* | −0.055 | −0.067 | −0.089 | 0.043 | −0.003 | 0.056 | 0.085 | 0.120 | 0.256 | 0.161* |
| | | *Geary's C* | 1.010 | 1.022 | 1.026 | 0.922 | 0.984 | 0.923 | 0.946 | 0.871 | 0.709 | 0.785 |
| | *TCA* | *Moran's I* | 0.259 | 0.264 | 0.207 | 0.183 | 0.214 | 0.168 | 0.200 | 0.229 | 0.284 | 0.319 |
| | | *Geary's C* | 0.639 | 0.626 | 0.696 | 0.735 | 0.727 | 0.767 | 0.690 | 0.680 | 0.636 | 0.585 |
| 幂减矩阵 | *ERI* | *Moran's I* | 0.039 | −0.006 | 0.001 | 0.011 | 0.023 | 0.013 | 0.017 | 0.020 | 0.022 | 0.021 |
| | | *Geary's C* | 0.922 | 0.954 | 0.945 | 0.909 | 0.939 | 0.938 | 0.948 | 0.94 | 0.948 | 0.946 |
| | *TIS* | *Moran's I* | −0.028 | −0.036 | −0.050 | 0.000 | −0.007 | 0.002 | −0.005 | 0.021 | 0.035 | 0.029 |
| | | *Geary's C* | 0.988 | 0.995 | 1.007 | 0.959 | 0.968 | 0.974 | 0.963 | 0.934 | 0.921 | 0.924 |
| | *TCA* | *Moran's I* | 0.023 | 0.028 | 0.012 | 0.025 | 0.019 | 0.014 | −0.003 | 0.013 | 0.036 | 0.042 |
| | | *Geary's C* | 0.995 | 0.99 | 1.002 | 1.003 | 1.001 | 1.006 | 1.014 | 1.001 | 0.976 | 0.958 |
| 经济距离矩阵 | *ERI* | *Moran's I* | 0.109 | 0.090 | 0.069 | 0.017 | 0.145 | 0.171 | 0.183 | 0.209 | 0.223 | 0.187 |
| | | *Geary's C* | 0.742 | 0.752 | 0.775 | 0.858 | 0.708 | 0.681 | 0.680 | 0.659 | 0.648 | 0.677 |
| | *TIS* | *Moran's I* | 0.019 | −0.046 | −0.045 | −0.076 | −0.055 | 0.008 | −0.008 | −0.007 | 0.056 | 0.035 |
| | | *Geary's C* | 0.870 | 0.939 | 0.970 | 0.939 | 0.932 | 0.900 | 0.884 | 0.889 | 0.849 | 0.869 |
| | *TCA* | *Moran's I* | 0.221 | 0.247 | 0.243 | 0.232 | 0.150 | 0.154 | 0.165 | 0.212 | 0.203 | 0.184 |
| | | *Geary's C* | 0.733 | 0.705 | 0.698 | 0.704 | 0.776 | 0.774 | 0.786 | 0.735 | 0.725 | 0.735 |
| 地理×经济矩阵 | *ERI* | *Moran's I* | 0.140 | 0.084 | 0.066 | 0.032 | 0.150 | 0.159 | 0.178 | 0.205 | 0.207 | 0.170 |
| | | *Geary's C* | 0.633 | 0.668 | 0.693 | 0.768 | 0.614 | 0.616 | 0.622 | 0.600 | 0.611 | 0.637 |
| | *TIS* | *Moran's I* | 0.017 | −0.030 | −0.016 | −0.006 | −0.022 | 0.055 | 0.051 | 0.081 | 0.158 | 0.149 |
| | | *Geary's C* | 0.912 | 0.969 | 0.983 | 0.904 | 0.931 | 0.886 | 0.852 | 0.825 | 0.772 | 0.795 |
| | *TCA* | *Moran's I* | 0.266 | 0.282 | 0.266 | 0.225 | 0.153 | 0.144 | 0.146 | 0.246 | 0.237 | 0.219 |
| | | *Geary's C* | 0.732 | 0.716 | 0.721 | 0.766 | 0.823 | 0.836 | 0.825 | 0.736 | 0.719 | 0.705 |

续表

| 项目 | | | 2007年 | 2008年 | 2009年 | 2010年 | 2011年 | 2012年 | 2013年 | 2014年 | 2015年 | 2016年 |
|---|---|---|---|---|---|---|---|---|---|---|---|---|
| 空间引力矩阵 | *ERI* | *Moran's I* | 0.205 | 0.136 | 0.173 | 0.029 | 0.064 | 0.107 | –0.002 | 0.001 | 0.023 | 0.039 |
| | | *Geary's C* | 0.642 | 0.795 | 0.792 | 0.856 | 0.851 | 0.823 | 0.946 | 0.954 | 0.910 | 0.909 |
| | *TIS* | *Moran's I* | –0.237 | –0.027 | 0.024 | 0.105 | 0.098 | 0.158 | 0.128 | 0.213* | 0.135 | 0.217 |
| | | *Geary's C* | 1.275 | 1.092 | 1.050 | 0.951 | 0.954 | 0.914 | 0.947 | 0.872 | 0.961 | 0.922 |
| | *TCA* | *Moran's I* | 0.038 | 0.059 | 0.036 | 0.112 | 0.097 | 0.135 | 0.046 | 0.064 | 0.138 | 0.157 |
| | | *Geary's C* | 0.829 | 0.796 | 0.819 | 0.752 | 0.781 | 0.181 | 0.839 | 0.835 | 0.762 | 0.710 |

注：* 表示 $p<0.1$。

## 6.3 回归结果

基于第 5 章实证检验部分的分析，本章重点考察了环境规制强度、旅游产业结构、旅游产业竞争力以及其他控制变量的空间效应。由于被解释变量和解释变量均存在显著的空间依赖性，故本书采用空间计量模型来控制变量的空间依赖性，以避免采用传统计量模型可能导致的偏误。在面板数据的固定效应和随机效应方面，根据 Hausman 检验的结果，对于五种空间权重下的 SAR、SEM 和 SDM，随机效应模型均被拒绝，因此我们选择采用固定效应模型。SAC 不适用于随机效应模型，也采用固定效应模型。

表 6–2 至表 6–6 是式（6–1）中各模型的回归结果，SAR 和 SAC 的估计均显著有效；SDM 中，基于邻接矩阵、幂减矩阵、经济距离矩阵、地理 × 经济矩阵、空间引力矩阵的估计结果显著有效，表明通过这五种空间权重矩阵能得到更具解释意义的回归系数。另外，对比所有模型的回归系数符号可以看出，尽管使用的回归方法及权重矩阵不同，但是回归结果的系

数符号基本一致，进一步验证了各模型回归结果的有效性。最后，综合拟合优度（$R^2$）、自然对数函数值（Log-likelihood）及各变量系数的显著性等指标，本书认为基于空间引力矩阵的 SDM 是本书实证研究的最佳模型，下文中涉及的 SDM 均为基于空间引力矩阵的 SDM。这反映出距离的远近与经济的差距对于旅游产业竞争力的影响均不如吸引力有效，这一结果也恰好反映了当前旅游业的现状，即较之经济状况与空间上的距离，人们更倾向于前往更具旅游吸引力的地区进行旅游活动。

表 6–2　空间计量回归结果——邻接矩阵

| 项目 | 邻接矩阵 | | | |
|---|---|---|---|---|
| | SAR | SEM | SAC | SDM |
| *ERI* | 0.794 | 0.745 | 0.802 | 0.515 |
| $ERI^2$ | −0.029* | −0.028 | −0.029* | −0.022 |
| $ERI^3$ | 0.0003* | 0.0003 | 0.0003* | 0.0002* |
| *TIS* | 0.173*** | 0.171*** | 0.173*** | 0.177*** |
| *RD* | 5.865** | 5.892** | 5.824** | 5.841** |
| $RD^2$ | −1.077*** | −1.088*** | −1.069*** | −1.067*** |
| *FDI* | −0.003 | −0.003 | −0.003 | −0.002 |
| *TII* | 0.089 | 0.086 | 0.089 | 0.068 |
| *FA* | 0.225** | 0.223** | 0.226** | 0.141 |
| *TOP×HC* | 0.064*** | 0.063*** | 0.064*** | 0.071*** |
| *TOP×IR* | −0.005*** | −0.005** | −0.005*** | −0.005*** |
| *PGDP* | 1.115 | 1.108 | 1.117 | 1.045 |
| *NSA* | 30.243** | 30.050** | 30.410** | 22.141** |
| $\rho$ | 0.126 | — | −0.151 | −0.015 |
| *W×ERI* | — | — | — | −4.221 |
| $W\times ERI^2$ | | | | 0.103 |
| $W\times ERI^3$ | | | | −0.001 |
| *W×TIS* | | | | −0.074 |
| *W×RD* | | | | 2.845 |
| $W\times RD^2$ | | | | −0.734 |
| *W×FDI* | | | | 0.009 |

续表

| 项目 | 邻接矩阵 | | | |
|---|---|---|---|---|
| | SAR | SEM | SAC | SDM |
| *W*×*TII* | — | — | — | −0.521* |
| *W*×*FA* | | | | −1.200** |
| *W*×（*TOP*×*HC*） | | | | 0.159 |
| *W*×（*TOP*×*IR*） | | | | −0.014 |
| *W*×*PGDP* | | | | −2.407 |
| *W*×*NSA* | | | | −130.0** |
| $\lambda$ | c | −0.110 | 0.036 | — |
| $\sigma^2$ | 6.402*** | 6.410*** | 7.107*** | 5.979*** |
| N | 310 | 310 | 310 | 310 |
| $R^2$ | 0.117 | 0.113 | 0.117 | 0.024 |
| Hausman 检验 | 79.44*** | 103.96*** | — | 10.02 |
| Wald | — | — | — | 22.01** |
| LRatio | | | | 22.20* |
| AIC | 1485.497 | 1485.877 | 1487.494 | 1490.111 |

注：* 表示 $p<0.1$，** 表示 $p<0.05$，*** 表示 $p<0.01$。

表 6-3 空间计量回归结果——幂减矩阵

| 项目 | 幂减矩阵 | | | |
|---|---|---|---|---|
| | SAR | SEM | SAC | SDM |
| *ERI* | 0.823 | 0.776 | 0.446 | 0.521 |
| $ERI^2$ | −0.030* | −0.028* | −0.015 | −0.017 |
| $ERI^3$ | 0.0003* | 0.0003 | 0.0001 | 0.0001 |
| *TIS* | 0.173*** | 0.171*** | 0.144*** | 0.130*** |
| *RD* | 5.549** | 5.948** | 5.970*** | 4.309** |
| $RD^2$ | −1.098*** | −1.183*** | −1.110*** | −0.603* |
| *FDI* | −0.003 | −0.002 | −0.001 | −0.001 |
| *TII* | 0.099* | 0.110* | 0.104** | 0.140** |
| *FA* | 0.240** | 0.245** | 0.225** | 0.219** |
| *TOP*×*HC* | 0.061*** | 0.060*** | 0.054*** | 0.052*** |

续表

| 项目 | 幂减矩阵 | | | |
|---|---|---|---|---|
| | SAR | SEM | SAC | SDM |
| $TOP \times IR$ | −0.005** | −0.004** | −0.004** | −0.004** |
| $PGDP$ | 0.974 | 0.972 | 1.103 | 1.603* |
| $NSA$ | 29.935** | 28.492** | 25.985** | 29.163** |
| $\rho$ | −0.071 | — | 0.296*** | −0.079 |
| $W \times ERI$ | — | — | — | 0.974 |
| $W \times ERI^2$ | | | | −0.026 |
| $W \times ERI^3$ | | | | 0.0002 |
| $W \times TIS$ | | | | −0.028 |
| $W \times RD$ | | | | 2.739 |
| $W \times RD^2$ | | | | −1.298*** |
| $W \times FDI$ | | | | 0.006* |
| $W \times TII$ | | | | 0.110 |
| $W \times FA$ | | | | −0.007 |
| $W \times (TOP \times HC)$ | | | | −0.029 |
| $W \times (TOP \times IR)$ | | | | 0.005* |
| $W \times PGDP$ | | | | −1.63 |
| $W \times NSA$ | | | | −33.237* |
| $\lambda$ | — | −0.129** | −0.441*** | — |
| $\sigma^2$ | 6.376*** | 6.293*** | 6.120*** | 5.682*** |
| N | 310 | 310 | 310 | 310 |
| $R^2$ | 0.060 | 0.057 | 0.151 | 0.146 |
| Hausman 检验 | 108.88*** | 65.69*** | — | 21.3 |
| Wald | — | — | — | 35.91*** |
| LRatio | | | | 35.38*** |
| AIC | 1484.626 | 1482.162 | 1478.188 | 1475.018 |

注：* 表示 $p<0.1$，** 表示 $p<0.05$，*** 表示 $p<0.01$。

表 6-4　空间计量回归结果——经济距离矩阵

| 项目 | 经济距离矩阵 | | | |
|---|---|---|---|---|
| | SAR | SEM | SAC | SDM |
| *ERI* | 0.800 | 0.711 | 0.634 | 0.656 |
| $ERI^2$ | −0.030* | −0.027 | −0.024 | −0.023 |
| $ERI^3$ | 0.0003* | 0.0003 | 0.0003 | 0.0002 |
| *TIS* | 0.175*** | 0.176*** | 0.173*** | 0.165*** |
| *RD* | 5.624** | 5.699** | 5.687** | 4.643** |
| $RD^2$ | −1.116*** | −1.101*** | −1.058*** | −0.841** |
| *FDI* | −0.003 | −0.003* | −0.003* | −0.004* |
| *TII* | 0.090 | 0.078 | 0.07 | 0.072 |
| *FA* | 0.233** | 0.237** | 0.236** | 0.251** |
| *TOP*×*HC* | 0.061*** | 0.062*** | 0.062*** | 0.071*** |
| *TOP*×*IR* | −0.005** | −0.005*** | −0.005*** | −0.006*** |
| *PGDP* | 1.087 | 1.274* | 1.371* | 1.021 |
| *NSA* | 31.084*** | 32.306*** | 32.766*** | 35.071*** |
| $\rho$ | −0.120 | — | 0.113 | −0.213** |
| *W*×*ERI* | — | — | — | 0.060 |
| *W*×$ERI^2$ | | | | −0.009 |
| *W*×$ERI^3$ | | | | 0.0001 |
| *W*×*TIS* | | | | 0.097 |
| *W*×*RD* | | | | −0.376 |
| *W*×$RD^2$ | | | | −0.654 |
| *W*×*FDI* | | | | −0.007* |
| *W*×*TII* | | | | −0.208 |
| *W*×*FA* | | | | −0.040 |
| *W*×（*TOP*×*HC*） | | | | −0.004 |
| *W*×（*TOP*×*IR*） | | | | −0.002 |
| *W*×*PGDP* | | | | 3.664 |
| *W*×*NSA* | | | | 84.651* |

续表

| 项目 | 经济距离矩阵 | | | |
|---|---|---|---|---|
| | SAR | SEM | SAC | SDM |
| $\lambda$ | — | $-0.202^{*}$ | $-0.318$ | — |
| $\sigma^2$ | $6.375^{***}$ | $6.308^{***}$ | $6.915^{***}$ | $6.028^{***}$ |
| N | 310 | 310 | 310 | 310 |
| $R^2$ | 0.064 | 0.088 | 0.123 | 0.084 |
| Hausman 检验 | $154.60^{***}$ | $128.43^{***}$ | — | 74.21 |
| Wald | — | — | — | 15.82 |
| LRatio | | | | 14.19 |
| AIC | 1484.691 | 1482.787 | 1484.342 | 1494.923 |

注：* 表示 $p<0.1$，** 表示 $p<0.05$，*** 表示 $p<0.01$。

表 6-5　空间计量回归结果——地理 × 经济矩阵

| 项目 | 地理 × 经济矩阵 | | | |
|---|---|---|---|---|
| | SAR | SEM | SAC | SDM |
| *ERI* | 0.803 | 0.731 | 0.303 | 0.544 |
| $ERI^2$ | $-0.029^{*}$ | $-0.027$ | $-0.010$ | $-0.017$ |
| $ERI^3$ | $0.0003^{*}$ | 0.0003 | 0.0001 | 0.0002 |
| *TIS* | $0.172^{***}$ | $0.170^{***}$ | $0.139^{***}$ | $0.144^{***}$ |
| *RD* | $5.621^{**}$ | $5.938^{**}$ | $6.113^{***}$ | $3.498^{*}$ |
| $RD^2$ | $-1.100^{***}$ | $-1.151^{***}$ | $-1.098^{***}$ | $-0.483$ |
| *FDI* | $-0.003$ | $-0.003$ | $-0.001$ | $-0.002$ |
| *TII* | $0.094^{*}$ | $0.098^{*}$ | $0.089^{*}$ | $0.116^{**}$ |
| *FA* | $0.237^{**}$ | $0.235^{**}$ | $0.211^{**}$ | $0.246^{**}$ |
| *TOP×HC* | $0.062^{***}$ | $0.061^{***}$ | $0.057^{***}$ | $0.062^{***}$ |
| *TOP×IR* | $-0.005^{**}$ | $-0.005^{**}$ | $-0.005^{***}$ | $-0.005^{**}$ |
| *PGDP* | 0.993 | 1.041 | $1.257^{*}$ | $2.267^{**}$ |
| *NSA* | $30.198^{**}$ | $29.410^{**}$ | $26.394^{**}$ | $28.625^{**}$ |
| $\rho$ | $-0.060$ | — | $0.304^{**}$ | $-0.041$ |

续表

| 项目 | 地理 × 经济矩阵 | | | |
|---|---|---|---|---|
| | SAR | SEM | SAC | SDM |
| *W×ERI* | — | — | — | 0.012 |
| $W\times ERI^2$ | | | | 0.013 |
| $W\times ERI^3$ | | | | -0.0003 |
| *W×TIS* | | | | -0.022 |
| *W×RD* | | | | 3.096 |
| $W\times RD^2$ | | | | $-1.281^{***}$ |
| *W×FDI* | | | | 0.003 |
| *W×TII* | | | | 0.050 |
| *W×FA* | | | | -0.024 |
| *W×（TOP×HC）* | | | | -0.027 |
| *W×（TOP×IR）* | | | | 0.004 |
| *W×PGDP* | | | | -1.419 |
| *W×NSA* | | | | -24.705 |
| $\lambda$ | — | -0.089 | $-0.418^{***}$ | — |
| $\sigma^2$ | $6.387^{***}$ | $6.357^{***}$ | $6.222^{***}$ | $5.804^{***}$ |
| N | 310 | 310 | 310 | 310 |
| $R^2$ | 0.066 | 0.074 | 0.189 | 0.156 |
| Hausman 检验 | $105.55^{***}$ | $80.03^{***}$ | — | $268.39^{***}$ |
| Wald | — | — | — | $29.99^{**}$ |
| LRatio | | | | $30.82^{**}$ |
| AIC | 1485.031 | 1484.165 | 1482.853 | 1481.178 |

注：* 表示 $p<0.1$，** 表示 $p<0.05$，*** 表示 $p<0.01$。

表 6-6　空间计量回归结果——空间引力矩阵

| 项目 | 空间引力矩阵 | | | |
|---|---|---|---|---|
| | SAR | SEM | SAC | SDM |
| *ERI* | 0.783 | 0.789 | 0.648 | $0.952^{*}$ |
| $ERI^2$ | $-0.029^{*}$ | $-0.029^{*}$ | -0.024 | $-0.035^{**}$ |

续表

| 项目 | 空间引力矩阵 | | | |
|---|---|---|---|---|
| | SAR | SEM | SAC | SDM |
| $ERI^3$ | 0.0003* | 0.0003* | 0.0002 | 0.0004** |
| *TIS* | 0.169*** | 0.169*** | 0.167*** | 0.155*** |
| *RD* | 5.701** | 5.684** | 5.524** | 6.122** |
| $RD^2$ | -1.056*** | -1.041*** | -1.086*** | -1.197*** |
| *FDI* | -0.003 | -0.003 | -0.003* | -0.003* |
| *TII* | 0.085 | 0.089 | 0.076 | 0.099* |
| *FA* | 0.230** | 0.233** | 0.221** | 0.164* |
| *TOP*×*HC* | 0.063*** | 0.063*** | 0.063*** | 0.072*** |
| *TOP*×*IR* | -0.005** | -0.005** | -0.005*** | -0.007*** |
| *PGDP* | 1.158 | 1.154 | 1.103 | 1.566** |
| *NSA* | 31.117*** | 30.999*** | 31.149*** | 32.616*** |
| $\rho$ | -0.051 | — | -0.202 | -0.016 |
| *W*×*ERI* | — | — | — | 2.524** |
| $W\times ERI^2$ | | | | -0.085** |
| $W\times ERI^3$ | | | | 0.0009** |
| *W*×*TIS* | | | | -0.0003 |
| *W*×*RD* | | | | -4.544 |
| $W\times RD^2$ | | | | 2.571*** |
| *W*×*FDI* | | | | 0.00005 |
| *W*×*TII* | | | | 0.010 |
| *W*×*FA* | | | | 0.051 |
| *W*×（*TOP*×*HC*） | | | | 0.011 |
| *W*×（*TOP*×*IR*） | | | | 0.0007 |
| *W*×*PGDP* | | | | 0.121 |
| *W*×*NSA* | | | | -32.089* |
| $\lambda$ | — | -0.039 | 0.168 | — |
| $\sigma^2$ | 6.398*** | 6.410*** | 6.872*** | 5.837*** |

续表

| 项目 | 空间引力矩阵 | | | |
|---|---|---|---|---|
| | SAR | SEM | SAC | SDM |
| N | 310 | 310 | 310 | 310 |
| $R^2$ | 0.121 | 0.126 | 0.082 | 0.117 |
| Hausman 检验 | 113.36*** | 108.61*** | — | 667.82*** |
| Wald | — | — | — | 30.06** |
| LRatio | | | | 30.69** |
| AIC | 1485.45 | 1485.897 | 1486.648 | 1482.677 |

注：* 表示 $p<0.1$，** 表示 $p<0.05$，*** 表示 $p<0.01$。

从 *ERI* 及其二次项、三次项的回归系数来看，四种模型得到的估计值差异较小，而且均具有统计显著性。同时，四种模型中其他解释变量的系数估计值也没有太大差异，表明估计结果比较稳健。不过四种模型在空间效应的识别上存在较大差异。从 Wald 和 LRatio 检验来看，除经济距离权重矩阵下的模型外，其他四种空间权重矩阵下的计量模型中，SDM 的估计结果优于其他三种模型。而且，SDM 的 AIC 值最小，也能验证 SDM 更优。另外，根据 LeSage 和 Pace（2009）的研究，SDM 相比 SEM、SAR 或 SAC 更具有优势。当真实数据生成过程是一个空间滞后或者空间误差过程时，SDM 提供了一个无偏估计，而且 SDM 并不对溢出效应的大小做任何先验限制。因此，后文分析以 SDM 的估计结果为基础。从 Wald、LRatio 及 AIC 数值的大小、有效性对五种空间权重矩阵下的 SDM 进行筛选，邻接矩阵下，SDM 的 AIC 值最大，经济距离矩阵下的 SDM 没有通过 Wald 和 LRatio 的显著性水平检验，因此，最优模型将在幂减矩阵、地理 × 经济矩阵以及空间引力矩阵三者中做出选择。通过对这三种空间权重矩阵下 SDM 系数的显著性水平进行检验，最终确定空间引力矩阵下 SDM 为本书后续分析的基础，即以各地区旅游产业吸引力大小来划分空间区域。

如表 6–6 中 SDM 结果所示，空间自回归系数（$\rho$）并未通过显著性水平检验，说明在空间引力矩阵下，各省份旅游业竞争力仅存在区域性或局部性（Local）空间依赖关系，而不存在全局性（Global）空间依赖关系。此外，除环境规制强度、研发资金投入强度以及 A 级以上旅游风景区每万人保有量外，其他解释变量空间交互项系数均未通过显著性水平检验，表明这些解释变量的空间交互效应并不显著。进一步地，SDM 中的 $\rho$ 相比 SAR 中的 $\rho$ 更大，说明没有考虑解释变量空间交互效应的 SAR，可能低估了被解释变量的空间交互效应。

在考虑空间交互效应的情况下，解释变量对被解释变量的影响并不能完全用解释变量的系数来解释。由于空间计量模型通过引入空间交互项而拓展了观测值之间的相关结构，因此其回归系数包含了大量相关区域（或观测值）的交互信息，这使对参数的解释变得复杂而丰富。任意地区的被解释变量不仅会受到本地区解释变量变化的影响（称为直接效应），也潜在地受到其他地区解释变量变化的影响（称为间接效应或空间溢出效应）。以 *ERI* 为例，其直接效应衡量的是本地区旅游业竞争力受到本地区环境规制变化的影响，而间接效应衡量的是本地旅游业竞争力受到其他区域环境规制变化影响的总和。总效应为直接效应与间接效应的加总。SDM 的一个优点是，它能够测算出直接效应、间接效应和总效应，从而让我们更好地理解解释变量与被解释变量之间的关系。

在 SDM 中，解释变量的平均总效应、平均直接效应、平均间接效应可通过以下方程得到（LeSage and Pace，2009）

$$\left[\frac{\partial Tca_i}{\partial X_{1k}} \cdots \frac{\partial Tca_i}{\partial X_{Nk}}\right]_t = (I-\theta W)^{-1}\begin{bmatrix} \beta_k & w_{12}\theta_k & \cdots & w_{1N}\theta_k \\ w_{21}\theta_k & \beta_k & \cdots & w_{2N}\theta_k \\ \vdots & \vdots & \ddots & \vdots \\ w_{N1}\theta_k & w_{N2}\theta_k & \cdots & \beta_k \end{bmatrix} \quad (6\text{–}7)$$

其中，$I$ 为单位矩阵。平均的直接效应是主对角线元素的均值 $\beta_k$，平均的间接效应是非主对角线元素的均值。本书测算了所有解释变量的平均直接效应、平均间接（空间溢出）效应和平均总效应（见表 6–7 至表 6–9）。

表 6–7　空间效应 1

| 项目 | 邻接矩阵 | | | 幂减矩阵 | | |
|---|---|---|---|---|---|---|
| | SAR | SAC | SDM | SAR | SAC | SDM |
| LR_Direct | | | | | | |
| *ERI* | 0.815 | 0.823 | 0.533 | 0.844 | 0.484 | 0.507 |
| $ERI^2$ | −0.0298 | −0.030* | −0.023 | −0.0308* | −0.016 | −0.016 |
| $ERI^3$ | 0.0003* | 0.0003* | 0.0002* | 0.0003* | 0.0002 | 0.0002 |
| *TIS* | 0.173*** | 0.174*** | 0.177*** | 0.174*** | 0.151*** | 0.131*** |
| *RD* | 5.893** | 5.860** | 5.855 | 5.584** | 6.268*** | 4.243** |
| $RD^2$ | −1.072*** | −1.066*** | −1.056*** | −1.094*** | −1.156*** | −0.552 |
| *FDI* | −0.003 | −0.003 | −0.002 | −0.003 | −0.001 | −0.001 |
| *TII* | 0.088 | 0.089 | 0.066 | 0.098* | 0.108** | 0.1351** |
| *FA* | 0.234** | 0.236** | 0.151 | 0.249** | 0.2434** | 0.228** |
| *TOP*×*HC* | 0.064*** | 0.064*** | 0.072*** | 0.062*** | 0.057*** | 0.054*** |
| *TOP*×*IR* | −0.005 | −0.005** | −0.005*** | −0.005** | −0.005** | −0.005** |
| *PGDP* | 1.146 | 1.151 | 1.062 | 1.009 | 1.186 | 1.707* |
| *NSA* | 30.000** | 30.226** | 21.549** | 29.748** | 26.980** | 29.953*** |
| LR_Indirect | | | | | | |
| *ERI* | −0.082 | −0.084 | −4.047 | −0.055 | 0.177 | 0.946 |
| $ERI^2$ | 0.003 | 0.003 | 0.095 | 0.002 | −0.006 | −0.026 |
| $ERI^3$ | 0.0000 | 0.0000 | −0.001 | 0.0000 | 0.0001 | 0.0002 |
| *TIS* | −0.017 | −0.016 | −0.054 | −0.011 | 0.057** | −0.031 |
| *RD* | −0.584 | −0.509 | 2.116 | −0.350 | 2.407** | 2.276 |
| $RD^2$ | 0.104 | 0.088 | −0.561 | 0.071 | −0.440** | −1.209*** |
| *FDI* | 0.0003 | 0.0003 | 0.010 | 0.0002 | −0.0003 | 0.005* |
| *TII* | −0.008 | −0.008 | −0.559 | −0.007 | 0.042 | 0.092 |
| *FA* | −0.022 | −0.022 | −1.234** | −0.016 | 0.093* | −0.022 |
| *TOP*×*HC* | −0.006 | −0.006 | 0.161 | −0.004 | 0.022** | −0.032 |
| *TOP*×*IR* | 0.001 | 0.001 | −0.015 | 0.0003 | −0.002* | 0.005** |
| *PGDP* | −0.105 | −0.102 | −2.799 | −0.056 | 0.471 | −1.711 |
| *NSA* | −2.818 | −2.898 | −140.000** | −1.864 | 10.327** | −34.433* |

续表

| 项目 | 邻接矩阵 | | | 幂减矩阵 | | |
|---|---|---|---|---|---|---|
| | SAR | SAC | SDM | SAR | SAC | SDM |
| LR_Total | | | | | | |
| *ERI* | 0.733 | 0.739 | −3.514 | 0.789 | 0.661 | 1.453 |
| $ERI^2$ | −0.0268* | −0.027 | 0.072 | −0.029* | −0.022 | −0.042 |
| $ERI^3$ | 0.0003* | 0.0003 | −0.001 | 0.0003* | 0.0002 | 0.0003 |
| *TIS* | 0.157*** | 0.158*** | 0.124 | 0.163*** | 0.208*** | 0.100* |
| *RD* | 5.309** | 5.351** | 7.970 | 5.234** | 8.675*** | 6.519** |
| $RD^2$ | −0.968*** | −0.978** | −1.616 | −1.023*** | −1.596*** | −1.761*** |
| *FDI* | −0.003 | −0.003 | 0.007 | −0.003 | −0.001 | 0.004 |
| *TII* | 0.080 | 0.080 | −0.493 | 0.091* | 0.149** | 0.227** |
| *FA* | 0.212** | 0.214** | −1.083** | 0.233** | 0.337** | 0.206 |
| *TOP×HC* | 0.058*** | 0.058*** | 0.233* | 0.058*** | 0.078*** | 0.022 |
| *TOP×IR* | −0.005** | −0.005** | −0.020 | −0.004** | −0.006** | 0.001 |
| *PGDP* | 1.042 | 1.049 | −1.737 | 0.954 | 1.657 | −0.004 |
| *NSA* | 27.182** | 27.328** | −1.2e+02* | 27.884** | 37.306** | −4.480 |

注：* 表示 $p<0.1$，** 表示 $p<0.05$，*** 表示 $p<0.01$。

表 6-8　空间效应 2

| 项目 | 经济距离矩阵 | | | 地理 × 经济矩阵 | | |
|---|---|---|---|---|---|---|
| | SAR | SAC | SDM | SAR | SAC | SDM |
| LR_Direct | | | | | | |
| *ERI* | 0.822 | 0.658 | 0.677 | 0.824 | 0.334 | 0.561 |
| $ERI^2$ | −0.030* | −0.025 | −0.024 | −0.030* | −0.012 | −0.018 |
| $ERI^3$ | 0.0003* | 0.0003 | 0.0002 | 0.0003* | 0.0001 | 0.0002 |
| *TIS* | 0.175*** | 0.174*** | 0.163*** | 0.173*** | 0.146*** | 0.145*** |
| *RD* | 5.661** | 5.751** | 4.698** | 5.652** | 6.454*** | 3.456* |
| $RD^2$ | −1.113*** | −1.060*** | −0.813** | −1.096*** | −1.149*** | −0.451 |
| *FDI* | −0.003 | −0.003* | −0.003 | −0.003 | −0.002 | −0.002 |
| *TII* | 0.089 | 0.069 | 0.078 | 0.093* | 0.092* | 0.114** |
| *FA* | 0.2428** | 0.247** | 0.263** | 0.246** | 0.230** | 0.255** |
| *TOP×HC* | 0.062*** | 0.063*** | 0.072*** | 0.062*** | 0.061*** | 0.063*** |
| *TOP×IR* | −0.005** | −0.005*** | −0.007*** | −0.005** | −0.005** | −0.006** |

续表

| 项目 | 经济距离矩阵 | | | 地理 × 经济矩阵 | | |
|---|---|---|---|---|---|---|
| | SAR | SAC | SDM | SAR | SAC | SDM |
| *PGDP* | 1.121 | 1.415* | 0.945 | 1.028 | 1.356* | 2.343** |
| *NSA* | 30.898*** | 32.784*** | 32.048*** | 29.991** | 27.523** | 28.644** |
| LR_Indirect | | | | | | |
| *ERI* | −0.082 | 0.098 | 0.016 | −0.045 | 0.110 | 0.038 |
| *ERI* $^2$ | 0.003 | −0.004 | −0.007 | 0.002 | −0.004 | 0.012 |
| *ERI* $^3$ | 0.0000 | 0.0000 | 0.0001 | 0.0000 | 0.0000 | −0.0003 |
| *TIS* | −0.018 | 0.030 | 0.060 | −0.009 | 0.057** | −0.022 |
| *RD* | −0.557 | 1.006 | −1.237 | −0.299 | 2.626* | 2.849 |
| *RD* $^2$ | 0.113 | −0.173 | −0.414 | 0.060 | −0.462* | −1.240*** |
| *FDI* | 0.0003 | −0.001 | −0.006 | 0.0001 | −0.001 | 0.003 |
| *TII* | −0.009 | 0.010 | −0.198 | −0.005 | 0.038 | 0.042 |
| *FA* | −0.024 | 0.043 | −0.076 | −0.013 | 0.093 | −0.032 |
| *TOP×HC* | −0.006 | 0.011 | −0.017 | −0.003 | 0.025* | −0.029 |
| *TOP×IR* | 0.001 | −0.001 | −0.0002 | 0.0002 | −0.002 | 0.004 |
| *PGDP* | −0.105 | 0.296 | 2.870 | −0.047 | 0.579 | −1.527 |
| *NSA* | −3.086 | 5.823 | 66.825 | −1.577 | 11.087* | −25.533 |
| LR_Total | | | | | | |
| *ERI* | 0.739 | 0.755 | 0.692 | 0.779 | 0.444 | 0.599 |
| *ERI* $^2$ | −0.027* | −0.029 | −0.030 | −0.029* | −0.015 | −0.006 |
| *ERI* $^3$ | 0.0003* | 0.0003 | 0.0003 | 0.0003* | 0.0001 | −0.0001 |
| *TIS* | 0.158*** | 0.204*** | 0.223** | 0.164*** | 0.203*** | 0.123** |
| *RD* | 5.104** | 6.757** | 3.461 | 5.353** | 9.081** | 6.305* |
| *RD* $^2$ | −1.000*** | −1.232** | −1.226* | −1.036*** | −1.610*** | −1.691*** |
| *FDI* | −0.003 | −0.004 | −0.009* | −0.003 | −0.002 | 0.002 |
| *TII* | 0.080 | 0.080 | −0.120 | 0.088* | 0.130* | 0.156* |
| *FA* | 0.219** | 0.290** | 0.187 | 0.233** | 0.323** | 0.223 |
| *TOP×HC* | 0.056*** | 0.075*** | 0.055 | 0.059*** | 0.085*** | 0.034 |
| *TOP×IR* | −0.004** | −0.006** | −0.007* | −0.005** | −0.007** | −0.002 |
| *PGDP* | 1.016 | 1.710 | 3.815* | 0.981 | 1.935 | 0.817 |
| *NSA* | 27.812** | 38.607** | 98.873** | 28.414** | 38.610** | 3.112 |

注：* 表示 $p<0.1$，** 表示 $p<0.05$，*** 表示 $p<0.01$。

表 6–9 空间效应 3

| 项目 | 空间引力矩阵 | | |
| --- | --- | --- | --- |
| | SAR | SAC | SDM |
| LR_Direct | | | |
| *ERI* | 0.803 | 0.682 | 0.954* |
| $ERI^2$ | −0.030* | −0.025 | −0.035** |
| $ERI^3$ | 0.0003* | 0.0003 | 0.0004** |
| *TIS* | 0.169*** | 0.172*** | 0.155*** |
| *RD* | 5.734** | 5.716** | 6.174** |
| $RD^2$ | −1.052*** | −1.116*** | −1.210*** |
| *FDI* | −0.003 | −0.003 | −0.003* |
| *TII* | 0.084 | 0.078 | 0.098* |
| *FA* | 0.240** | 0.236** | 0.178* |
| *TOP*×*HC* | 0.064*** | 0.066*** | 0.073*** |
| *TOP*×*IR* | −0.005** | −0.005** | −0.007*** |
| *PGDP* | 1.191 | 1.168 | 1.590** |
| *NSA* | 30.911*** | 31.855*** | 32.507*** |
| LR_Indirect | | | |
| *ERI* | −0.039 | −0.096 | 2.533** |
| $ERI^2$ | 0.001 | 0.004 | −0.086** |
| $ERI^3$ | 0.0000 | 0.0000 | 0.001** |
| *TIS* | −0.008 | −0.030 | 0.001 |
| *RD* | −0.272 | −0.970 | −4.760 |
| $RD^2$ | 0.049 | 0.197 | 2.596*** |
| *FDI* | 0.0001 | 0.001 | 0.0001 |
| *TII* | −0.004 | −0.013 | 0.005 |
| *FA* | −0.011 | −0.041 | 0.049 |
| *TOP*×*HC* | −0.003 | −0.012 | 0.009 |
| *TOP*×*IR* | 0.0002 | 0.001 | 0.001 |
| *PGDP* | −0.058 | −0.198 | 0.082 |
| *NSA* | −1.492 | −5.609 | −32.531* |
| LR_Total | | | |
| *ERI* | 0.764 | 0.587 | 3.486** |
| $ERI^2$ | −0.028* | −0.022 | −0.121** |

续表

| 项目 | 空间引力矩阵 | | |
|---|---|---|---|
| | SAR | SAC | SDM |
| $ERI^3$ | 0.0003* | 0.0002 | 0.001** |
| *TIS* | 0.162*** | 0.143*** | 0.156** |
| *RD* | 5.462** | 4.745** | 1.414 |
| $RD^2$ | −1.003*** | −0.919*** | 1.386* |
| *FDI* | −0.003 | −0.002 | −0.003 |
| *TII* | 0.081 | 0.065 | 0.103 |
| *FA* | 0.228** | 0.195** | 0.222 |
| *TOP*×*HC* | 0.061*** | 0.054*** | 0.082** |
| *TOP*×*IR* | −0.005** | −0.005** | −0.006* |
| *PGDP* | 1.134 | 0.969 | 1.672 |
| *NSA* | 29.419*** | 26.246** | −0.025 |

注：* 表示 $p<0.1$，** 表示 $p<0.05$，*** 表示 $p<0.01$。

## 6.4 结果分析

表 6–9 结果显示，所有解释变量的直接效应与间接效应系数的正负与表 6–6 中解释变量系数的正负是一致的，仅在数值大小上存在差异。也就是说，直接效应并不完全等同于解释变量的系数，而间接效应也不完全等同于解释变量空间交互项的系数。

（1）*ERI* 一次项的总效应显著为正，二次项的总效应显著为负，三次项的总效应显著为正，这意味着 *ERI* 与 *TCA* 之间呈现出非线性加速关系。当环境规制强度达到 70 时，环境规制强度对旅游产业竞争力的贡献达到最大；当环境规制强度超过 70 时，其对提升旅游产业竞争力的作用不大。而当环境规制强度处在（23，40）区间内时，随着环境规制强度的增加，旅游产业竞争力会表现为缓慢下降的过程；而当环境规制强度处在［1，23］、［40，70］两个区间时，表现为加速促进的作用。结合实际情况看，2016 年环境规制强度处于［1，23］区间的省份有青海、西藏、黑龙江、四川、重庆、新疆、吉林、湖北、辽宁、广西、宁夏、广东与海南等；处于［40，70］区间的省份有上海和天津；而其他 16 个省份则都处在（23，40）区间内。这表明，在中国目前阶段，环境规制强度提升的情况下，旅游业竞争力大体处于平缓下降的状态。因此，进一步提高环境规制强度，有利于旅游产业竞争力的提升。

环境规制强度的直接效应、间接效应都与总效应一致，即都表现为非线性加速关系。它们的区别仅在于区间划分不同。直接效应表现为环境规制强度对旅游产业竞争力作用到达最大时的极值为 92，影响区间分为［1，21］、（21，38）、［38，92］，其中［1，21］和［38，92］两个区间表现为加速提升。从数值的大小来看，在 *ERI* 的总效应中，间接效应占据了绝大部分。因此，在间接效应方面，*ERI* 与 *TCA* 之间的关系非常近似于两者在总效应方面的关系。在环境规制强度到达第一个转折点（24）以前，*ERI* 的提高能够带来正向空间溢出效应；但是当其越过这个转折点后，在未到达第二个转折点（40）之前，*ERI* 的提高带来负向空间溢出效应；当其越过第二个转折点后，*ERI* 的提高能快速促进 *TCA* 的提升。当 *ERI* 低于 24 时，企业仅通过一系列小的技术改造就能抵消由环境规制带来的治理成本增加，因此，这个阶段企业能够较容易实现环境治理的目标。当 *ERI* 继续增加到介于 24 ～ 40 时，为实现环境治理的目标，企业成本显著上升，企业小规模的技术革新已无法满足较高环境质量的要求，“创新补偿效应”无法被有效激发，使环境质量难以得到实质性改善。污染的扩散给周边区域带来负外部性，这不利于高度依赖环境的旅游业的发展。而当 *ERI* 达到一个较高水平时，“创新补偿效应”发挥作用，环境污染得到有效控制，这对周边区域的旅游业形成了正外部性（Batina and Galinato，2014）。2016 年 31 个省份环境规制强度的分布，整体处在偏低的区间，这表明，只有进一步加大环境规制的力度才能真正激发环境规制的正向空间溢出效应。

（2）*TIS* 对 *TCA* 影响的总效应显著为正，且二者呈线性关系，这意味着旅游产业结构的升级能够显著提高旅游产业竞争力。虽然直接效应和间接效应都与总效应保持一致，但间接效应的值很小且没有通过显著性水平检验。因此，可以认为旅游产业结构并不具有空间溢出效应，但是它对本区域内旅游产业竞争力具有正向提升作用。

（3）其他控制变量方面，*RD* 一次项的总效应为正，且二次项的总效应也显著为正，表明研发资金投入与旅游业竞争力之间呈现正相关关系。这种正相关关系主要来自其他地区研发资金投入的正向空间溢出效应。在 *RD* 的直接效应方面，一次项显著为正，二次项显著为负。因此，研发资金投入对旅游业竞争力呈现倒“U”形的直接影响，当研发资金投入强度超过 2.55 这个临界值后，研发资金投入强度的增加将削弱旅游产业竞争力。而在间接效应方面，情形与直接效应正好相反，一次项系数为负，而二次项显著为正，其对旅游产业竞争力的影响为正“U”形关系，临界值为 0.92，即当研发资金投入强度超过该临界值后，研发资金投入会对旅游产业竞争力形成正向的外部溢出效应。由于间接效应大于直接效应，总效应表现为正“U”形关系。原因可能在于，旅游产业的研发成果一旦投入使用，便具有较强的可复制性，且复制门槛较低。因此，在具有相同旅游吸引力的区域，其旅游业部门能够快速地调整自身业态，通过模仿等手段达到提升产业竞争力的目标。这一结论有别于左冰（2011）的结论。她认为，中国旅游业经济的增长来源于资本要素的投入而非技术创新。然而，沈能（2013）的研究表明，省域间的研发存在显著的溢出效应。

*FDI* 的总效应和间接效应也均未通过显著性水平检验，仅有直接效应

通过了显著性水平检验。由于 *FDI* 的直接效应为负，间接效应为正，因此直接效应大于间接效应，总效应表现为 *FDI* 对旅游产业竞争力的“挤出效应”，其对本地旅游业竞争力提升具有一定的抑制作用（程培堽等，2009）。该指标的间接效应及总效应均未通过显著性水平检验，*FDI* 对旅游业竞争力的影响仅限于本地区内部，未产生显著的空间溢出效应。

与 *FDI* 类似，旅游相关基础设施投资（*TII*）对旅游产业竞争力的总效应为正，间接效应也为正，但二者均未通过显著性水平检验，而直接效应通过了 10% 的显著性水平检验。由此可知，*TII* 对旅游产业的正向影响仅限于本地区，而无显著的空间溢出效应。存在类似效应的指标还有本地区全社会融资能力（*FA*）与人均 *GDP*（*PGDP*）。融资能力对本地区旅游产业竞争力显著为正的直接效应，反映出企业或产业的融资能力越强，越能激发本地区旅游产业的活力，进而促进产业竞争力的提升。这一结论与胡国平等（2016）的研究结论一致。*PGDP* 对本地区旅游产业竞争力显著为正的直接效应，反映出区域经济发展水平越高，用于旅游资源的投入越多，旅游基础设施的建设与维护越完善，相应地，旅游服务越专业化，服务的品质也会越高。这同样表现为，经济越发达的省份，其旅游经济越繁荣。因此，繁荣的本地经济对旅游业有较强的促进作用。这一结论与刘朝文（2017）的研究结论一致。

在从业人员素质对旅游产业竞争力的影响方面，旅游业从业人员受教育程度对产业竞争力的总效应显著为正，这一效应的主要来源为直接效应。也就是说，旅游业从业人员受教育程度的提高有利于本地区旅游产业竞争力的提升。虽然间接效应也为正，但由于未通过显著性水平检验，则可以认为，*TOP*×*HC* 对 *TCA* 的影响仅限于本地区，无显著空间溢出效应。与此类似，旅游业从业人员的健康状况对产业竞争力的影响，从总效应来看显著为负，即旅游业从业人员由于环境问题导致的患病人数增多，对本地区旅游产业竞争力会产生负面影响，但这一影响并无显著的空间溢出效应。

A 级以上旅游风景区每万人保有量（*NSA*）对旅游产业竞争力表现为不显著的负向影响，导致这一结果的原因在于显著为正的直接效应与显著为负的空间溢出效应发生了相互抵消。显著为正的直接效应与显著为负的空间溢出效应都反映出中国旅游产业的核心竞争力来源于高质量的旅游风景区建设。

## 6.5 本章小结

本章以邻接矩阵、幂减矩阵、经济距离矩阵、地理 × 经济矩阵以及空间引力矩阵为空间权重矩阵，考察了环境规制强度、旅游产业结构以及其他控制变量在不同权重矩阵下对旅游产业竞争力的空间效应。基于 Wald 检验、LRatio 检验、AIC 准则、Hausman 检验以及各指标显著性检验，选择了以空间引力矩阵为空间权重矩阵的 SDM 为研究对象。研究结果有以下三点：

（1）环境规制强度对旅游产业竞争力的影响具有局部效应。环境规制强度的提高只会在局部区域对旅游产业竞争力产生空间溢出效应。这一结果反映出，环境规制强度的提高会在影响区域范围内促进旅游产业的空间聚集。

（2）环境规制和旅游产业竞争力之间表现为非线性的加速关系。从总效应来看，可以划分为三个影响区间：当 *ERI* 低于 23 时，企业通过一系列小的技术改造就能克服因环境规制带来的治理成本上升，因此，在这个阶段的企业能够较容易实现环境治理的目标；当*ERI*继续增加到介于23～40时，为实现环境治理的目标，企业成本显著增加，企业小规模的技术革新已无法满足较高的环境质量要求，“创新补偿效应”无法有效被激发，使环境质量难以得到实质性改善，污染的扩散给周边区域带来负外部性影响，这不利于高度依赖环境的旅游业的发展；而当*ERI*达到一个较高水平（环境规制强度大于40）时，“创新补偿效应”发挥作用，环境污染得到有效控制。从目前各省份的*ERI*数值来看，有半数以上的省份环境规制强度介于23～40，仅上海和天津的环境规制强度超过了40。因此，在现阶段，提高环境规制强度能够提升旅游产业竞争力。由于环境规制强度的空间溢出效应大于直接效应，对周边区域的旅游产业形成了显著的正外部性，因此，结合直接效应来看，当环境规制强度超过40而未达到70时，提高环境规制水平不仅能产生正向的直接效应，还能获得正向的空间溢出效应。

（3）在其他变量方面，研发资金投入对旅游产业竞争力存在倒“U”形直接影响，但存在非常显著的正“U”形空间溢出效应，使研发资金投入与旅游产业竞争力之间总体上呈现显著的正“U”形关系。外商直接投资（*FDI*）、旅游相关固定资产投资强度（*TII*）、本地区全社会融资能力（*FA*）以及人均*GDP*（*PGDP*）对旅游业竞争力均没有显著的空间溢出效应和总效应，但是都存在显著正向的直接效应。旅游业就业人员平均受教育年限（*HC*）对旅游产业竞争力具有显著为正的直接效应和总效应，而无显著的空间溢出效应；而旅游业从业人员的身体健康状况对产业竞争力具有显著为负的直接效应和总效应，且无显著的空间溢出效应。A级以上旅游风景区每万人保有量对旅游产业竞争力具有规模相当的正向直接效应与负向空间溢出效应，因此其总效应表现并不显著，即表现为：若不同区域间同时增加相同规模的旅游风景区每万人保有量，则彼此间的竞争力保持平衡；若增加规模不同，则旅游风景区每万人保有量多的区域相较于旅游风景区少的区域会形成竞争优势。

本书的研究结果表明，虽然理论上环境规制与旅游产业竞争力存在一个相对下降的阶段（环境规制强度处于 23 ～ 40），但是在现阶段，环境规制与旅游产业竞争力之间总体上呈同向提高趋势。特别是，在间接的空间溢出效应方面，一个地区的旅游产业竞争力强烈地受到其他地区环境规制强度提高的正向影响。当前，加强生态环境的保护力度、提高环境规制强度已成为社会共识，这对中国旅游业发展来说是个好消息。在规制政策的选择方面，要加强经济激励型规制政策的运用。例如，可以采用税收、财政、信贷等经济激励型手段，调动旅游企业治理污染、保护环境的积极性。

# 7 结论与建议

## 7.1 研究结论

### 7.1.1 测度指标方面

第一，2007—2016年中国31个省份环境规制强度的波动区间为［8.11，58.15］。总体而言，虽然我国环境规制强度的总体水平并不高，但是有增强的趋势。从年平均值看，上海的环境规制强度为56.34，远高于其他省份；在排名前10位的省份中，东部地区有6个，西部地区有3个，中部地区有1个，反映出东部地区对环境质量的要求普遍高于中、西部地区。

第二，2007—2016年中国31个省份旅游产业结构指数的分布区间为［10.60，78.39］。全国旅游产业结构指数年均值为25.97，整体呈现出水平波动的趋势。从年平均值看，旅游产业结构指数排前5位的省份分别是贵州（74.01）、云南（37.31）、广东（36.09）、安徽（32.25）和辽宁（31.96）；在排前10位的省份中，东部地区有4个，西部地区有3个。相比较而言，中部地区旅游产业结构指数显著低于东、西部地区，这也反映出中国旅游产业东、西部地区较为发达，而中部地区略弱的格局。

第三，2007—2016 年中国 31 个省份旅游产业竞争力指数的分布区间为［9.77，77.92］，全国旅游产业竞争力指数年均值为 27.77，整体呈现稳步上升的趋势。从年平均值看，旅游产业竞争力指数排前 5 位的省份分别是北京（70.57）、上海（51.38）、广东（44.21）、海南（42.27）和江苏（42.19）；在排前 10 位的省份中，东部地区有 8 个，西部地区有 2 个，反映出东部地区旅游产业竞争力显著强于中部和西部地区。

### 7.1.2 实证结果方面

第一，环境规制强度对旅游产业竞争力的影响存在三个区间。从全国来看，分别为［1，18］、（18，37）、［37，78］。在［1，18］和［37，78］两个区间内，提高环境规制强度能促进旅游产业竞争力的快速提升；而在（18，37）区间内，提高环境规制强度并不会提升旅游产业竞争力，反而有可能减缓旅游产业竞争力的提升速度。从全国总体样本来看，2007—2016 年，环境规制强度对旅游产业竞争力的总效应均值为 0.40，且呈现出水平波动的趋势。在分区域样本中，东部地区的总效应均值为 0.61，呈上升趋势；中部地区的总效应均值为 0.22，呈缓慢下降趋势；西部地区的总效应均值为 0.32，呈现水平波动的趋势。同时，旅游产业结构与本地区旅游产业竞争力具有显著的正向线性关系，即旅游产业结构的提升能有效促进产业竞争力的提高。从 ECM 模型的结果看，当短期波动对旅游产业结构与旅游产业竞争力分别产生影响时，旅游产业结构、产业竞争力回到均衡状态的调整力度分别为 –0.1323 和 –0.169，总效应的力度为 –0.1845。

在其他控制变量方面：①研发资金投入强度（*RD*）。在模型选择的过程中，根据 BIC 准则和 AIC 准则，研发投入强度与旅游产业竞争力存在二次型关系。在实证检验中，全国样本印证了两者存在显著的正“U”形关系。但在分地区的检验中，出现了差异化的结果：东部地区的二次型系数为正且没有通过显著性水平检验，一次项系数为正且通过了显著性水平检验；中部和西部地区的二次项系数均为负且均未通过显著性水平检验，两个地区的一次项系数均为正，但西部地区的系数未通过显著性水平检验。这反映出在分地区样本中，东部地区与中部地区研发投入强度与旅游产业竞争力表现为线性的正相关关系，西部地区二者无显著关系。②外商直接投资（*FDI*）。从检验结果来看，在全国样本中，*FDI* 与旅游产业竞争力呈显著的线性正相关关系，反映出从全国范围增加外商直接投资能够促进旅游产业竞争力的提高。但在地区样本中，东部地区和西部地区 *FDI* 对旅游竞争力的影响虽然为正，但未通过显著性水平检验；中部地区则呈现出显著负相关关系，出现这一结果的原因可能在于：中部地区的外商直接投资可能多分布在工业产业中，因此无益于旅游产业竞争力的提升。③旅游产业相关基础设施投资强度（*TII*）。从全国样本来看，*TII* 与旅游产业竞争力呈显著正相关关系，反映出加强基础设施建设投资能够有效提升旅游产业竞争力；在分地区的样本检验中，三个地区的 *TII* 均与旅游竞争力呈正相关关系，但东部和中部地区没有通过显著性水平检验。④本地区全社会融资能力（*FA*）。在全国、东部地区和西部地区样本中，本地区全社会融资能力与旅游产业竞争力呈现显著的负相关关系，西部地区虽然也呈现负相关关系，但未通过显著性水平检验。⑤ A 级以上旅游风景区每万人保有量（*NSA*）。从全国、东部与中部地区的样本来看，A 级以上旅游风景区每万人保有量对区域旅游产业竞争力有正向作用，但是只有东部地区通过了显著性水平检验；西部地区的 A 级以上旅游风景区每万人保有量与该区域的旅游产业竞争力呈负相关关系，但没有通过显著性水平检验。⑥人均 *GDP*（*PGDP*）。从全国、东部和西部地区的样本看，人均 *GDP* 对旅游产业竞争力有促进作用，但只有全国和西部地区样本通过了显著性水平检验。在中部地区，人均 *GDP* 水平越高，该区域的旅游产业竞争力反而越低。出现这一结果的可能原因在于中部地区的经济发展主要依靠工业经济，而工业污染是环境被破坏的主要原因。但这一结果没有通过显著性水平检验。⑦从旅游业就业人员受教育程度（*TOP×HC*）、旅游业从业人员身体非健康状态（*TOP×IR*）系数来看，旅游业从业人员受教育程度的高低，直接正向影响该地区旅游产业竞争力，且这一结果在全国和东部、西部地区样本中都通过了显著性水平检验；而旅游业从业人员受环境影响的非健康水平，在全国和东部地区样本中，与区域内旅游产业竞争力水平呈现显著的负相关关系，而在中部和西部地区样本的检验中，呈现正相关关系，但没有通过显著性水平检验。

第二，在以空间引力矩阵为空间权重的空间计量模型中，环境规制强度和旅游产业竞争力之间表现为非线性的加速关系。从总效应来看，可以划分为［1，23］、（23，40）、［40，70］三个影响区间，以邻接矩阵、幂减矩阵、经济距离矩阵、地理 × 经济矩阵以及空间引力矩阵为空间权重，考察环境规制强度、旅游产业结构以及其他控制变量在不同权重矩阵下对旅游产业竞争力的空间效应。基于 Wald 检验、LRatio 检验、AIC 准则、Hausman 检验以及各指标显著性检验，选择以空间引力矩阵为空间权重的 SDM 为研究对象。

研究结果表明：首先，由于 $\rho$ 值不显著，因此环境规制强度对旅游产业竞争力的影响表现为局部效应，即环境规制强度提高，会在局部区域的旅游产业中形成空间溢出效应，进而影响相关区域内旅游产业的集聚。其次，环境规制强度对旅游产业竞争力的作用呈二次型关系。其综合效用大致可以划分为三个区间：①当环境规制强度小于 23 时，环境治理的成本较低，企业可以通过一系列小型技改抵消因环境治理带来的成本增加，在此阶段，环境治理的目标较易实现。②当环境规制强度在［23，40］这一区间时，为实现相同的环境治理目标，环境治理成本显著上升。此时，企业依旧采取小规模的技改方式，已无法应对环境恶化的挑战，难以激发“创新补偿效应”。在此情形下，污染会持续扩散，这对区域内及周边区域都会造成负外部性影响。因此，环境规制强度在这一区间，不利于旅游产业的发展。③当环境规制强度大于40时，环境规制的压力将充分激发“创新补偿效应”，环境污染得到有效遏制。从本书研究的样本时间看，我国31个省份中有近半数以上地区的环境规制强度介于23～40，仅有上海和天津的环境规制强度高于40，因此，现阶段加大环境规制的力度将促进旅游产业竞争力的提高。从经验检验的结果看，环境规制的空间溢出效应大于其对自身区域的直接效应，且溢出效应的大小与环境规制强度呈正相关关系。因此结合环境规制的直接效应与溢出效应看，当环境规制强度在［40，70］这一区间时，加大环境规制强度不仅对旅游产业竞争力具有正向的直接效应，而且能获得正向的空间溢出效应。

第三，在其他控制变量方面：①从直接效应来看，研发资金投入强度（*RD*）与旅游业竞争力存在倒“U”形关系；外商直接投资（*FDI*）、旅游产业相关的固定资产投资强度（*TII*）、本地区全社会融资能力（*FA*）、旅游业就业人员平均受教育年限（*HC*）、A级以上旅游风景区每万人保有量（*NSA*）以及人均*GDP*（*PGDP*）对旅游产业竞争力存在显著正向的直接效应；②从空间溢出（间接）效应来看，研发资金投入强度（*RD*）对旅游产业竞争力存在非常显著的正“U”形空间溢出效应；外商直接投资（*FDI*）、旅游产业相关的固定资产投资强度（*TII*）、本地区全社会融资能力（*FA*）、旅游业就业人员平均受教育年限（*HC*）、旅游业从业人员的身体健康状况以及区域经济发展水平（*PGDP*）对旅游产业竞争力没有显著的空间溢出效应；A级以上旅游风景区每万人保有量（*NSA*）对旅游产业竞争力存在显著的负向空间溢出效应。③从综合效应来看，由于研发资金投入强度（*RD*）的空间溢出效应大于直接效应，因此，研发资金投入与旅游产业竞争力之间总体上呈现显著的正“U”形关系。外商直接投资（*FDI*）、旅游产业相关的固定资产投资强度（*TII*）、本地区全社会融资能力（*FA*）、旅游业从业人员的文化素质、A级以上旅游风景区每万人保有量（*NSA*）以及区域经济发展水平（*PGDP*）对旅游产业竞争力均不存在显著的总效应。这反映出，若不同区域间同时加强这些要素的投入，则彼此间的竞争力保持平衡；若增加规模不同，则要素投入多的区域相较于要素投入少的区域会形成竞争优势。旅游业从业人员的身体健康状况对产业竞争力具有显著为负的总效应。

本书研究结果表明，现阶段我国31个省份的环境规制强度大部分集中在［23，40］这一区间，在此基础上，若持续加大环境规制的力度、提高环境规制强度不仅有利于生态环境的治理与保护，也有利于各省旅游产业竞争力的提高。受空间溢出效应的影响，各省份旅游产业竞争力强烈地受到周边省份环境规制水平提高的正向影响。

## 7.2 相关建议

### 7.2.1 环境规制的相关建议

我国是一个幅员辽阔的国家，东部、中部和西部地区具有不同的地理地貌、环境气候、民风民俗以及经济发展状况。同样，旅游产业的相关资源、旅游产业内部各子行业的发展状况、技术创新能力等也具有显著的差异。因此，各省份行政管理机构与环境监管部门应当结合本省环境容量（环境自净能力）对资源的消耗情况、环境资源的污染与破坏程度等进行综合评估，在坚持贯彻国家环境保护标准的同时，因地制宜地制定相关的环境规制政策，在不严重影响宏观经济运行的条件下，采取适度偏严的环境规制强度，有计划、分步骤地推进污染治理与环境保护工作。从促进旅游产业发展的角度来看，更加严格的环境规制措施有利于旅游产业结构的升级与产业竞争力的提升。

结合 7.1 节的内容，以 2016 年环境规制强度数据为例，在全国 31 个省份中，环境规制强度在［1，18］区间的省份有黑龙江、西藏与青海；环境规制强度在［37，78］区间的省份有上海、云南和天津；其余 25 个省份环境规制强度都落在了（18，37）区间内，环境规制强度在此区间的省份在提升本地旅游产业竞争力时就存在两种选择，即降低环境规制强度和继续提高环境规制强度，如果选择降低环境规制强度，将会落入“环境竞次”的陷阱。同时，环境规制强度对旅游产业结构也存在显著的正向线性影响，环境规制强度指数值每增加 1 单位，旅游产业结构指数就会提升 0.168 单位。此外，环境规制强度与外商直接投资（*FDI*）、研发资金投入强度（*RD*）、A 级以上旅游风景区每万人保有量（*NSA*）均呈现为显著的正相关关系。环境规制强度的提升还会通过外商直接投资（*FDI*）、研发资金投入强度（*RD*）和 A 级以上旅游风景区每万人保有量（*NSA*）传导到旅游产业竞争力。因此，总体来看，提高环境规制强度能够在全国范围内促进旅游产业结构的升级与旅游产业竞争力的提升，产业结构升级与高级化也会促进旅游产业竞争力的提升。

综上可知，发展旅游产业，提升省域旅游产业竞争力，首先要强化政府的主导作用，规范、健全环境治理相关的法律法规，加大对环境治理的投入，增加环境基础设施建设，同时加强环境治理的市场机制建设，充分发挥市场对资源配置的作用，通过价格杠杆促进资源要素的优化组合。其次，各省份应当合理运用税收、补贴、许可证、污染排放交易等环境规制工具，结合环境规制强度对旅游产业结构、旅游产业竞争力以及外商直接投资、研发资金投入等的作用区间与作用程度，根据事前、事中与事后等不同阶段，有针对性地对环境污染问题采取差异化、精准化的规制措施，使环境规制的强度既有利于激发旅游产业创新的动力、促进旅游产业结构的升级与竞争力的提升，又有利于维持经济的平稳增长，避免因过度严格（或者宽松）的环境规制对经济发展造成不利影响。

同时，加大环境规制强度不仅有利于本区域内旅游产业的发展，而且环境规制显著的空间溢出效应也能促进邻近区域旅游产业的发展，这种环境规制强度的溢出效应远大于其对本区域旅游产业的促进作用。因此，只有各省份共同行动起来，才能更好地发挥环境规制政策的作用，强化环境政策实施的“涟漪”效应。

### 7.2.2 旅游产业结构升级的相关建议

第一，充分发挥环境规制强度对旅游产业结构调整的传导机制。从本书的研究中可以看出，环境规制强度的提高有利于旅游产业结构的升级，二者之间呈现线性的正相关关系，具体表现为环境规制强度每增加 1 单位，旅游产业结构指数同向增加 0.168 单位。因此，合理运用环境规制政策，有助于旅游产业结构向更合理、更优的方向调整。

第二，各级地方政府要注重旅游产业政策扶持与资金投入。从各省份旅游产业偏依度指标来看，贵州、四川以及安徽三省份的泰尔指数均超过 1，贵州甚至超过了 2，反映出这三个省份在旅游产业发展方面的相对投入较其他省份大得多；在产业结构指数上，贵州的旅游产业结构指数历年平均值为 74.01，远高于其他省份。而偏依度指数最小的三个省份分别为宁夏、新疆与甘肃，泰尔指数分别为 0.13、0.25 与 0.34；而这三个省份旅游产业结构指数排名分别为第 23、第 22 和第 30。可以看出，对旅游产业的投入，在其产业结构上会有直观的反映。从旅游收入增长率看，甘肃、贵州、安徽三省份的旅游收入年平均增长率分别为 31.58%、29.38% 和 29.15%，远高于其他省份；而上海、北京的年平均增长率为 8.91% 和 10.83%。总体来看，全国旅游产业收入的年平均增长率为 22.67%，是人均 GDP 年平均增长率的 1.77 倍。同时，旅游产业收入占 GDP 的比重约为 5.24%，其中，四川、广东、河南这三个省份的这一比例超过了 10%。这一系列数据都反映出中国旅游产业正在“快车道”高速“行驶”。由此可见，在旅游产业结构指数偏低的省份，通过继续加大地方政府的扶持力度，不仅能够在短时间内促进旅游产业结构的升级，还能带动区域旅游经济的快速发展。

第三，各级地方政府要统筹旅游产业的发展规划，避免同质化发展。产业同构化不仅会造成大量的资源浪费，加剧市场竞争，而且不利于旅游产业核心竞争力的形成。从旅游产业同构化指数来看，2007—2016 年，除贵州以外，其余 30 个省份均保持着 80% 以上的相似性。其中，同构化程度最高的省份为天津、广东和江苏，达到 99.9% 以上；贵州同构化指数的年平均值虽然为 84.26%，但呈现逐年下降的趋势，2016 年该值仅为 45.77%。面对旺盛的旅游需求，各省份旅游企业应当加强旅游产品、服务创新的主观能动性，这也是旅游产业进行供给侧结构性改革的内在动力。通过技术创新，提供多元化、异质性的特色旅游产品与服务，细分需求市场，不仅要延长产业链条，更要拓宽产业发展的渠道。具体可以从以下几个方面进行思考：①以定制化、品质化的产品和服务为导向，打造旅游精品项目，同时对传统景区进行升级改造，更新改造和配套相关的旅游基础设施。②推进高端旅游景区与旅游休闲项目的开发与建设，针对当下旅游路程时间花费短、滞留时间长的特点，改变以往“走马观花”式的游览模式，通过营造自然风光、人文风俗、身心休养等多维一体的休闲氛围，延长游客在景区的滞留时间，在满足游客需求的同时，引导游客进行消费。③在推进酒店业服务升级的同时，着力发展特色民宿，使游客不仅能欣赏自然风光，还能更好地了解本地的风土人情、民风民俗，同时也有利于形成结构合理、高端化与多元化并存、满足游客不同层次需求的住宿接待体系。

第四，优化旅行社行业业务结构，提高入境旅游业务比例。通过开发特色旅游项目、旅游线路等，拓宽旅行社的服务范围。例如，从外汇收入占旅游总收入的比重来看，广东、福建、上海这三个省份的旅游外汇收入比重分别为 17.05%、13.54% 和 12.87%；与之形成对比的是江苏、河南与四川，这三个省份同样为旅游收入大省，但旅游外汇收入比重分别仅为 5.44%、1.27% 和 1.47%。另外，旅游外汇收入占比较低的省份还有宁夏、甘肃与贵州，外汇收入比重均不足 1%。因此，针对目前境外游客多集中在广东、福建、上海等地区的特点，要引导境外游客前往其他地区旅游观光，需要各地方政府、旅游风景区、旅行社共同营造良好的旅游环境，提供优质的产品与服务，更好地吸引境外游客。

第五，推动其他产业与旅游产业的融合发展。探索旅游产业与其他产业，比如农业、工业、体育、文教、医疗等产业的跨产业融合，扩展旅游服务的内容、拓宽旅游产品与服务的领域，以全域旅游发展理念挖掘旅游产业的深度与广度，将旅游产业与区域内的其他产业作为一个整体进行开发，通过多产业集群式发展丰富旅游产品、拓展旅游产业的内涵。加快旅游产业与信息产业、人工智能产业等高科技产业的融合，推进旅游信息平台、数据平台以及旅游电商服务平台等的建设，为旅游产业的发展注入科技动力。

### 7.2.3 旅游产业竞争力培育的相关建议

首先，强化政府在旅游产业竞争力提升方面的主导作用，统筹管理区域内与区域间的旅游资源开发，避免同质化的旅游资源开发项目。加大政府对旅游产业，尤其是中西部地区旅游产业的扶持力度。从 2016 年全国各省旅游产业竞争力指标的数值来看，北京、上海、广州等东部经济发达地区的旅游产业竞争力远高于中部、西部地区。从旅游收入占当年全国旅游总收入的比重来看，江苏、广东和浙江三省份所占份额就占全国的 1/4，而排后 5 位的份额总数仅为 1.75%，差异非常明显。因此，针对旅游产业竞争力比较低的地区，地方政府应结合本地旅游资源的分布状况，大力推进旅游精品项目的建设，着力打造旅游精品景区体系，重点在于旅游资源的吸引力、独特性或稀缺性以及景区资源与周边其他景区的竞合关系。由于高铁、客运航空等高效便捷交通工具的普及，运输效率不断提高，游客在旅途中花费的时间显著缩短，这不仅扩大了旅游产业的客源市场，也带来了更多的旅游需求。因此，独具特色的旅游景区更容易获得游客的青睐。应结合景观优势、人文优势、文化优势、服务优势等竞争优势，丰富旅游业态与产品供给，以旅游产品链或产业链的思维，促进旅游产品结构的差异化与多元化。针对旅游产品开发投入大、资金回收周期长、风险比较高、专业技术要求高的特点，地方政府要对在旅游资源和产品开发中存在资金和技术困难的大、中型旅游企业给予一定的政策与资金扶持，鼓励金融机构扩大对有资质的旅游企业和发展前景较好的旅游项目的融资信贷规模，适当降低中小旅游企业享受融资优惠政策的门槛，充分调动本地旅游企业的积极性；充分发挥政府部门的导向作用，鼓励旅游企业在资本市场以企业债券、中期票据等形式获取外部资金；支持和引导有资源优势但资金短缺的旅游企业通过参股、借壳等形式，在主板或者中小企业板进行市场融资；引导社会资本、民间资本以及海外资本（尤其是战略投资者）以直接参股等形式参与旅游资源以及旅游项目的开发建设，促进旅游产业投资主体的多元化发展。

其次，营造良好的旅游产业发展环境。充分调动与旅游产业相关的政府部门、企业、地方性组织和群众参与主题创意旅游的规划与建设，抓住国家新农村建设的契机，将旅游产业发展落实到乡村建设中，发展特色乡镇，支持和鼓励具有民俗特色的乡村旅游产业发展，打造别具特色的知名乡村旅游目的地。推进旅游产业与养老产业、健康产业的融合，充分发挥自然资源的优势，以养老产业、健康产业的发展带动旅游产业的发展，打造一批具有国际知名度的健康旅游目的地。探索旅游产业与文化教育的融合，以当地文化底蕴为基础，将旅游产业融入文化教育中，打造一批知名的研学旅游目的地。加快旅游产业与信息产业、人工智能产业等高科技产业的融合，充分发挥信息技术的强大优势，推进旅游信息管理平台、数据平台以及旅游电商服务平台等的建设，对旅游产品开发和服务的全过程进行信息化、标准化的改造升级，实现对旅游产品、服务质量的网络化、信息化管理；通过引导旅游电商企业进行业务拓展，实现旅游零售业的革新。

再次，规范旅游企业的管理。通过在旅游企业内部推进规范化、科学化的管理制度，提高旅游企业（尤其是中西部旅游企业）的经济效益。以2016年数据为例，在各省份旅游产业全员劳动生产率方面，上海与北京的全员劳动生产率均超过了20万元/人，山西、河北、广西、云南、西藏、陕西、甘肃和宁夏8省份的全员劳动生产率介于8.5万～9.97万元/人，其他21个省份的全员劳动生产率分布在10万～20万元/人；而在旅行社经营能力方面，北京、上海两市的旅行社获利能力超过全国平均水平3倍以上，广东的旅行社获利能力超过全国平均水平2倍以上，福建、湖南、海南、重庆、云南以及江苏 6 省份的旅行社获利能力超过或达到全国平均水平，而其他 22 个省份的旅行社获利能力普遍低于全国平均水平。从以上数据可以看出，各省旅游产业在经营效率以及经营效益之间存在巨大的差距。因此要坚持贯彻落实《全国旅游标准化工作管理办法》，从细节着手，实现旅游企业经营效益的提升。

最后，提高旅游业从业者的综合素质和专业技能。旅游业作为劳动密集型的服务产业，人力资本的建设是推动产业发展的主要动力，而旅游人力资本的建设有赖于旅游业从业人员综合素质与专业技能的提高。从 2007—2016 年我国旅游业从业人员以及专业人才培养的数据来看，广东旅游业从业人数年平均为 28 万人，占全国份额的 10.43%；排第 2 位的浙江为 19.39 万人，占全国份额的 7.25%；浙江、山东、北京和江苏 4 个省份的旅游业从业人数占全国旅游业从业人数的 31.33%，但从从业人数的变化趋势看，这 4 个省份的从业人数均呈现下降趋势。从高端人才培养能力看，全国旅游高校年平均在校人数约为 50.49 万人，排名前 5 的省份合计占比为 33.63%，其中，广东 8.25%、山东 7.25%、安徽 6.79%、江苏 6.06%、四川 5.28%。从这组数据也反映出，旅游产业发达的省份也更加重视对旅游业人才的培养。因此，加大旅游产业相对落后省份的相关专业人才的培养力度，也是促进旅游产业发展的有效途径之一。此外，要坚持推行旅游从业资格的认证制度，完善、优化岗位培训制度，强化培训的考核制度。通过创新管理思维模式来改变企业的管理模式，在旅游企业内部营造良好的企业文化氛围，推动企业的技术创新与品牌建设。建立完善中青年旅游专家的培养体系，对于旅游产业发展中急需的紧缺人才，既可以通过给予落户、住房等优惠措施加以引进，也可以通过与国外知名旅游高校联合办学、联合培养等方式，培养旅游产业中的稀缺人才。支持区域内旅游高校或者普通高校旅游相关专业的建设，在政策和资金上给予一定的支持，旅游企业与相关旅游高校密切联系，将旅游高端人才的培养纳入地方考核评价体系。

## 7.3 研究局限与展望

作为一个跨学科的研究，限于自身学术研究水平、知识储备以及时间限制等原因，本书在研究中更多的是通过产业组织的视角分析旅游产业的相关问题。因此，本书仍然存在有待改进与完善之处，而且本书是以产业经济学的观点与方法对旅游产业进行研究，在细节处理方面相较于旅游管理存在较大差异，且存在一定的不足之处。

第一，环境规制强度、旅游产业结构以及旅游产业竞争力指标的测度方面。由于本书研究中涉及的三个指标在指标体系的构建、测度方法的选择等方面，目前在学术界并未形成统一观点，不同学者对相关问题的理解不同。而不同指标体系的构成与测度方法的多样性，造成研究结果的显著差异。虽然本书中对环境规制强度指标的构建与测度尽可能按照系统论的观点纳入相关内容，但由于环境规制指标的多样性，尚有很多指标未能被纳入指标体系的考核评价范围。而在相关的实证分析中，分析结果的准确性往往取决于衡量指标的质量，因此环境规制指标测度的粗犷性和不完整性，会导致所得到的环境规制强度存在偏误。相同的问题，可能也存在于旅游产业结构与产业竞争力的测度上。由此可见，如何科学而准确地以定性、定量的方式描述环境规制强度、旅游产业结构、旅游产业竞争力，是亟待解决的问题，对我国相关领域的研究具有重要的现实意义。此外，在实证方法上，本书采用的是面板数据的回归，若能在研究中采用动态随机一般均衡（DSGE）、机器学习（Machine Learning）等方法应该能使全书的论证视角更加广阔。

第二，除环境规制强度与旅游产业结构外，影响旅游产业竞争力的因素还有很多，本书选取的相关控制变量并不能穷尽所有的影响，这也使本书的研究结果存在一定的局限性。受数据可得性的限制，本书在环境规制强度、旅游产业结构与旅游产业竞争力关系的经验研究中，仅涉及对旅游产业总体竞争力的研究，并未对旅游产业中细分的风景区经营、餐饮住宿以及交通运输等子产业相关问题做进一步的探究。虽然将旅游产业作为一个整体进行研究具有较强的代表性，但若能在后续的研究中加入上述样本，并增加对旅游产业中相关子行业或企业的行为研究，应该能使研究结论更具系统性和全面性。这也为未来的研究指明了方向。

# 参考文献


[1] AHMED Z U，KROHN F B. Reversing the United States' declining competitiveness in the marketing of international tourism：a perspective on future policy [J]. Journal of travel research，1990，29 (2)：23-29.

[2] AKAMATSU K. The synthetic principles of the economic development of our country [J]. The journal of economy，1932 (6)：179-220.

[3] AKAMATSU K. Flying geese pattern of industrial development in our country Japan-case of machine & tools [J]. Review of hitotsubashi university，1956，38 (5).

[4] ALFRED K. The economics of fegulation：principles and institutions (Vol. Ⅰ & Ⅱ) [M]. New York：John Wiley and Sons Inc.，1970.

[5] AMBEC S，TREICH N. Roscas as financial agreements to cope with self-control problems [J]. Journal of development economics，2007，82 (1)：120-137.

[6] ANDERGASSEN R，CANDELA G，FIGINI P. The management of tourism destinations：a policy game [J]. Tourism economics the business & finance of tourism & recreation，2017，23 (1)：49-65.

[7] ANDERSSON T D，GETZ D. Tourism as a mixed industry：differences between private，public and not-for-profit festivals [J]. Tourism management，2009，30 (6)：847-856.

[8] ANSELIN L，GRIFFITH D A. Do spatial effecfs really matter in regression

analysis？［J］. Papers in regional science，1988，65（1）：11–34.

［9］ARTAL–TUR A，KOZAK M. Destination competitiveness，the environment and sustainability：challenges and cases. CABI series in tourism management research［M］. Boston：CABI International，2015.

［10］BARON D P. Noncooperative regulation of a nonlocalized externality［J］. The rand journal of economics，1985，16（4）：553–568.

［11］BARON D P，MYERSON R B. Regulating a monopolist with unknown costs［J］. Econometrica：journal of the econometric society，1982，50（4）：911–930.

［12］BARTEL A P，THOMAS L G. Direct and indirect effects of regulation：A new look at OSHA's impact［J］. The journal of law and economics，1985，28（1）：1–25.

［13］BATINA R G，GALINATO G I. The spillover effects of good governance in a tax competition framework with a negative environmental externality［J］. Environmental and resource economics，2017，67（4）：701–724.

［14］BAUMOL W J，OATES W E. The theory of environmental policy：externalities，public outlays，and the quality of life［M］. Englewood Cliffs，NJ：Prentice–Hall，Inc，1975.

［15］BAUMOL W J，WILLIG R D. Fixed costs，sunk costs，entry barriers，and sustainability of monopoly［J］. The quarterly journal of economics，1981，96（3）：405–431.

［16］BAUMOL W，OATES W. The theory of environmental policy［M］. Cambridge：Cambridge University Press，1988.

［17］BECKER G S. A theory of competition among pressure groups for political influence［J］. The quarterly journal of economics，1983，98（3）：371–400.

［18］BOLTHO A. The assessment：international competitiveness［J］. Oxford review of economic policy，1996，12（3）：1–16.

[ 19 ] BUCHANAN J M. External diseconomies, corrective taxes, and market structure [ J ] . The American economic review, 1969, 59 ( 1 ): 174–177.

[ 20 ] BUHALIS D. Marketing the competitive destination of the future [ J ] . Tourism management, 2000, 21 ( 1 ): 97–116.

[ 21 ] BUHALIS D, LAW R. Progress in information technology and tourism management: 20 years on and 10 years after the Internet—the state of eTourism research [ J ] . Tourism management, 2008, 29 ( 4 ): 609–623.

[ 22 ] CANESTRELLI E, COSTA P. Tourist carrying capacity: a fuzzy approach[ J ]. Annals of tourism research, 1991, 18 ( 2 ): 295–311.

[ 23 ] CARY W L. Federalism and corporate law: reflections upon Delaware [ J ] . The Yale law journal, 1974, 83 ( 4 ): 663–705.

[ 24 ] CHANDLER A D. Strategy and structure: chapters in the history of the industrial enterprise [ M ] . Massachusetts: MIT Press, 1990.

[ 25 ] CHENERY H B, ROBINSON S, SYRQUIN M, et al. Industrialization and growth [ M ] . New York: Oxford University Press, 1986.

[ 26 ] CLARK C. The conditions of economic progress [ M ] . London: Mac Millan, 1940.

[ 27 ] CLIFF A D, ORD J K. Spatial autocorrelation [ M ] . London: Pion, 1973.

[ 28 ] COASE R H. The problem of social cost [ M ] . New York: Springer, 1960.

[ 29 ] COOPER C. Tourism: Principles and practice [ M ] . Michigan: Pearson Education, 2008.

[ 30 ] FLETCHER J, FYALL A, GILBERT D, et al. Tourism: principles and practice [ M ] . London: Pitman, 1993.

[ 31 ] CROUCH G I, RITCHIE J B. The competitive destination: a sustainability perspective [ J ] . Tourism management, 2000, 21 ( 1 ): 1–7.

[ 32 ] CUCCULELLI M, GOFFI G. Does sustainability enhance tourism destination competitiveness ? Evidence from Italian destinations of excellence [ J ] .

Journal of cleaner production, 2016（111）: 370–382.

[33] DASGUPTA P, HAMMOND P, MASKIN E. On imperfect information and optimal pollution control [J]. The review of economic studies, 1980, 47(5): 857–860.

[34] DENISON E F. Accounting for slower economic growth: The United States in the 1970s [M]. Washington: The Brookings Institution, 1979: 212.

[35] DOMAZLICKY B R, WEBER W L. Does environmental protection lead to slower productivity growth in the chemical industry? [J]. Environmental & resource economics, 2004, 28 (3): 301–324.

[36] DWYER L, FORSYTH P, RAO P. The price competitiveness of travel and tourism: a comparison of 19 destinations [J]. Tourism management, 2000, 21 (1): 9–22.

[37] EADINGTON W R, REDMAN M. Economics and tourism [J]. Annals of tourism research, 1991, 18 (1): 41–56.

[38] ELLIG J. Endogenous change and the economic theory of regulation [J]. Journal of regulatory economics, 1991, 3 (3): 265–274.

[39] ENGLMANN F C, WALZ U. Industrial centers and regional growth in the presence of local inputs [J]. Journal of regional science, 1995, 35(1): 3–27.

[40] ENRIGHT M J, NEWTON J. Tourism destination competitiveness: a quantitative approach [J]. Tourism management, 2004, 25 (6): 777–788.

[41] FISHER A G. Clash of progress and security [M]. London: Macmillan and Co. Limited, 1935.

[42] FRECHTLING D C. The tourism satellite account: foundations, progress and issues [J]. Tourism management, 1999, 20 (1): 163–170.

[43] GEE C Y, CHOY D J, MAKENS J C. The travel industry [M]. New York: AVI Publishing Company, Inc., 1984.

[44] GO F M, GOVERS R. Integrated quality management for tourist destinations:

a European perspective on achieving competitiveness [ J ] . Tourism management, 2000, 21 ( 1 ): 79–88.

[ 45 ] GOLLOP F M, ROBERTS M J. Environmental regulations and productivity growth: the case of fossil–fueled electric power generation [ J ] . Journal of political economy, 1983, 91 (4): 654–674.

[ 46 ] GÖSSLING S. Global environmental consequences of tourism [ J ] . Global environmental change, 2002, 12 ( 4 ): 283–302.

[ 47 ] GRUENSPECHT H K, LAVE L B. The economics of health, safety, and environmental regulation [ J ]. Handbook of industrial organization, 1989( 2 ): 1507–1550.

[ 48 ] HAAHTI A J. Finland's competitive position as a destination [ J ] . Annals of tourism research, 1986, 13 ( 1 ): 11–35.

[ 49 ] HAMEL G, PRAHALAD C K. Strategic intent [ J ] . Harvard business review, 1990, 67 ( 3 ): 63–76.

[ 50 ] HAMEL G, PRAHALAD C K. Competing for the future [ M ] . Massachusetts: Harvard Business Press, 1996.

[ 51 ] HASSAN S S. Determinants of market competitiveness in an environmentally sustainable tourism industry [ J ] . Journal of travel research, 2000, 38 ( 3 ): 239–245.

[ 52 ] HE G. The effect of air pollution on cardiovascular mortality: evidences from the 2008 Beijing Olympic Games [ J ] . Journal of environmental economics & management, 2016 ( 79 ): 18–39.

[ 53 ] HECKSCHER, ELI. The effect of foreign trade on the distribution of income [ J ] . Ekonomisk tidskrift, 1919 ( 21 ): 497–512.

[ 54 ] HEM L E, IVERSEN N M. How to develop a destination brand logo: a qualitative and quantitative approach [ J ] . Scandinavian journal of hospitality and tourism, 2004, 4 ( 2 ): 83–106.

[ 55 ] HIRSCHMAN A O. The strategy of economic development [ J ] . Revue économique, programme national persée, 1961, 12 ( 3 ): 514–515.

[ 56 ] HJALAGER A. Repairing innovation defectiveness in tourism [ J ] . Tourism management, 2002, 23 ( 5 ): 465–474.

[ 57 ] HJALAGER A. Innovation patterns in sustainable tourism: an analytical typology [ J ] . Tourism management, 1997, 18 ( 1 ): 35–41.

[ 58 ] HOFFMANN W G. The growth of industrial economics [ M ] . Oxford: Manchester University Press, 1958.

[ 59 ] HUYBERS T, BENNETT J. Environmental management and the competitiveness of nature-based tourism destinations [ J ] . Environmental & resource economics, 2003, 24 ( 3 ): 213–233.

[ 60 ] INOUE Y, LEE S. Effects of different dimensions of corporate social responsibility on corporate financial performance in tourism-related industries [ J ] . Tourism management, 2011, 32 ( 4 ): 790–804.

[ 61 ] IOANNIDES D, DEBBAGE K G. The economic geography of the tourist industry: a supply-side analysis [ M ] . London: Psychology Press, 1998.

[ 62 ] JAFFE A B, PALMER K. Environmental regulation and innovation: a panel data study [ J ] . Review of economics and statistics, 1997, 79 ( 4 ): 610–619.

[ 63 ] JAMES E A. A theoretical foundation for gravity equation [ J ] . The American economic review, 1979, 69 ( 1 ): 106–116.

[ 64 ] JIANG T, MCKIBBIN W J. Assessment of China's pollution levy system: an equilibrium pollution approach [ J ] . Environment and development economics, 2002, 7 ( 1 ): 75–105.

[ 65 ] JIN Y, LIN L. China's provincial industrial pollution: the role of technical efficiency, pollution levy and pollution quantity control [ J ] . Environment and development economics, 2014, 19 ( 1 ): 111–132.

[ 66 ] JORDAN W A. Producer protection, prior market structure and the effects of

government regulation [ J ]. The journal of law and economics, 1972, 15 ( 1 ): 151–176.

[ 67 ] JORGENSON D W, WILCOXEN P J. Environmental regulation and U.S. economic growth [ J ] . The rand journal of economics, 1990, 21 ( 2 ): 314–340.

[ 68 ] KEYNES J M. The general theory of employment [ J ] . The quarterly journal of economics, 1937, 51 ( 2 ): 209–223.

[ 69 ] KIUILA O, PESZKO G. Sectoral and macroeconomic impacts of the large combustion plants in Poland: a general equilibrium analysis [ J ] . Energy economics, 2006, 28 ( 3 ): 288–307.

[ 70 ] KOZAK M, RIMMINGTON M. Measuring tourist destination competitiveness: conceptual considerations and empirical findings1 [ J ] . International Journal of hospitality management, 1999, 18 ( 3 ): 273–283.

[ 71 ] KRUGMAN P. Increasing returns and economic geography [ J ] . Journal of political economy, 1991, 99 ( 3 ): 483–499.

[ 72 ] KRUTILLA J V. Conservation reconsidered [ J ] . The American economic review, 1967, 57 ( 4 ): 777–786.

[ 73 ] KUZNETS S. Economic growth of countries [ M ] . Beijing: Commercial Press, 1985.

[ 74 ] KWEREL E. To tell the truth: imperfect information and optimal pollution control [ J ] . The review of economic studies, 1977, 44 ( 3 ): 595–601.

[ 75 ] LAFFONT J J. More on prices vs quantities [ J ] . The review of economic studies, 1977, 44 ( 1 ): 177–182.

[ 76 ] LAFFONT J, TIROLE J. The politics of government decision–making: a theory of regulatory capture [ J ] . The quarterly journal of economics, 1991, 106 ( 4 ): 1089–1127.

[ 77 ] LAPIERRE J, HAYES D. The tourism satellite account [ M ] . Ottawa:

National Accounts and Environment Division, Statistics Canada, 1994.

[ 78 ] LEIPER N. The framework of tourism: towards a definition of tourism, tourist, and the tourist industry [ J ]. Annals of tourism research, 1979,6 ( 4 ): 390–407.

[ 79 ] LEIPERA N. Why "the tourism industry" is misleading as a gen*ERI*c expression: the case for the plural variation, "tourism industries" [ J ] . Tourism management, 2008, 29 ( 2 ): 237–251.

[ 80 ] LESAGE J, PACE R K. Introduction to spatial econometrics [ M ] . New York: Chapman and Hall/CRC, 2009.

[ 81 ] LEWIS W A. Economic development with unlimited supplies of labour [ J ] . The manchester school, 1954, 22 ( 2 ): 139–191.

[ 82 ] LOEB M, MAGAT W A. A decentralized method for utility regulation [ J ] . The journal of law and economics, 1979, 22 ( 2 ): 399–404.

[ 83 ] MALONEY M T, MCCORMICK R E. A positive theory of environmental quality regulation [ J ] . The journal of law and economics, 1982, 25 ( 1 ): 99–123.

[ 84 ] MARCOUILLER D W. Environmental resources as latent primary factors of production in tourism: the case of forest–based commercial recreation. [ J ] . Tourism economics, 1998, 4 ( 2 ): 131–145.

[ 85 ] MARSHALL A. Some aspects of competition [ M ] . Atlanta: Harrison and Sons, 1890.

[ 86 ] MARSHALL A. Principles of economics [ M ] . Book VI, 1920: 618–619.

[ 87 ] MASON R, SWANSON T. The costs of uncoordinated regulation [ J ] . European economic review, 2002, 46 ( 1 ): 143–167.

[ 88 ] MAYAKA M, AKAMA J S. Systems approach to tourism training and education: the Kenyan case study [ J ] . Tourism management, 2007, 28 ( 1 ): 298–306.

[ 89 ] MCGEHEE N G, MENG F, TEPANON Y. Understanding legislators and their perceptions of the tourism industry: the case of North Carolina, USA, 1990 and 2003 [ J ] . Tourism management, 2006, 27 (4): 684–694.

[ 90 ] MEADOWS D, RANDERS J. The limits to growth: the 30–year update[ M ]. New York: Routledge, 2012.

[ 91 ] MIHALIČ T. Environmental management of a tourist destination: a factor of tourism competitiveness [ J ] . Tourism management, 2000, 21 (1): 65–78.

[ 92 ] MILL R C, MORRISON A M. The tourist system [ M ] . Englewood Cliffs, NJ: Prentice–Hall, 1985.

[ 93 ] MILLIMET D L, ROY J. Empirical tests of the pollution haven hypothesis when environmental regulation is endogenous [ J ] . Journal of Applied Econometrics, 2016, 31 (4): 652–677.

[ 94 ] MUNDIAL F E. The travel & tourism competitiveness report 2017 [ M ] . Genova: Foro Económico Mundial, 2017.

[ 95 ] MURTY M N, KUMAR S. Win – win opportunities and environmental regulation: testing of porter hypothesis for Indian manufacturing industries[ J ]. Journal of environmental management, 2003, 67 (2): 139–144.

[ 96 ] OHLIN B. Interregional and international trade [ M ] . Cambridge: Harvard University Press, 1933.

[ 97 ] PAN C. Market structure and profitability in the international tourist hotel industry [ J ] . Tourism management, 2005, 26 (6): 845–850.

[ 98 ] PASHIGIAN B P. The effect of environmental regulation on optimal plant size and factor shares[ J ]. The journal of law and economics, 1984,27( 1 ): 1–28.

[ 99 ] PEARCE D G. Competitive destination analysis in Southeast Asia [ J ] . Journal of travel research, 1997, 35 (4): 16–24.

[ 100 ] PELTZMAN S. Toward a more general theory of regulation [ J ] . The journal of law and economics, 1976, 19 (2): 211–240.

[101] PELTZMAN S. The effects of auto safety regulation [J]. Journal of political economy, 1975, 83(4): 677–726.

[102] PENG C, YUAN P. Influence of environmental regulations on China's tourism competitiveness: empirical evidence based on provincial panel data [J]. Nankai business review international, 2019, 10 (3): 429–446.

[103] PETTY W. Political arithmetick [M]. London: R. Clavel etc, 1691.

[104] PEZZULLO P C. Toxic tourism: rhetorics of pollution, travel, and environmental justice [M]. Tuscaloosa: University of Alabama Press, 2009.

[105] PIGOU A C. The economics of welfare [M].4th ed London: Macnillam, 1920.

[106] POON A. Tourism, technology and competitive strategies [M]. New Zealand Geographer: CAB International, 1993.

[107] PORTER M E. America's green strategy [J]. Scientific American, 1991, 264 (4): 168.

[108] PORTER M. Competitive advantage of nations [J]. Competitive intelligence review, 1990, 1 (1): 14.

[109] RICARDO D. On the principles of political economy and taxation [M]. London: John Murray, 1817.

[110] RICARDO D. On the principles of political economy and taxation [M]. London: G. Bell, 1891.

[111] RITCHIE J B, CROUCH G I. Competitiveness in international tourism: A framework for understanding and analysis [J]. Reports on 43th congress, 1993 (35): 23–71.

[112] ROGERSON C M. Pro–poor local economic development in South Africa: the role of pro–poor tourism [J]. Local environment, 2006, 11 (1): 37–60.

[ 113 ] ROSTOW W W. The process of economic growth [ M ] . New York: WW Norton, 1952.

[ 114 ] ROSTOW W W. The stages of economic growth: a non-communist manifesto [ M ] . Cambridge: Cambridge University Press, 1962.

[ 115 ] ROSTOW W W. Leading sectors and the take-off [ M ] . New York: Springer, 1963.

[ 116 ] RUBASHKINA Y, GALEOTTI M, VERDOLINI E. Environmental regulation and competitiveness: empirical evidence on the Porter Hypothesis from European manufacturing sectors [ J ] . Energy policy, 2015 ( 83 ): 288–300.

[ 117 ] SADI M A, BARTELS F L. Recent developments in the association of South East Asian Nations ( ASEAN ) tourist industry: manpower development, training issues and competitiveness [ J ] . Competitiveness review: an international business journal, 1999, 9 ( 1 ): 19–29.

[ 118 ] SCHUMPETER J A. Innovation theory [ M ] . Massachusetts: Harvard University Press, 1934.

[ 119 ] SHADBEGIAN R J, GRAY W B. Pollution abatement expenditures and plant-level productivity: a production function approach [ J ] . Ecological economics, 2005, 54 ( 2 - 3 ): 196–208.

[ 120 ] SHINOHARA M. Growth and cycles in the Japanese economy [ M ] . Sydney: Kinokuniya Bookstore Co., 1962.

[ 121 ] SIMÓN F J G, NARANGAJAVANA Y, MARQUES D P. Carrying capacity in the tourism industry: a case study of Hengistbury Head [ J ] . Tourism management, 2004, 25 ( 2 ): 275–283.

[ 122 ] SMITH A. An inquiry into the nature and causes of the wealth of nations: volume one [ M ] . London: W. Strahan and T. Cadell, 1776.

[ 123 ] SOLOW R M. Technical change and the aggregate production function [ J ] .

The review of economics and statistics，1957，39（3）：312-320.

［124］STIGLER G J. The theory of economic regulation［J］. The bell journal of economics and management science，1971，2（1）：3-21.

［125］TRIBE J. The indiscipline of tourism［J］. Annals of tourism research，1997，24（3）：638-657.

［126］VERNON R. International investment and international trade in the product cycle［J］. The quarterly journal of economics，1966，80（2）：190-207.

［127］WALLEY N，WHITEHEAD B. It's not easy being green［J］. Harvard business reviews，1994（4）：36-44.

［128］WALZ R. Development of environmental indicator systems：experiences from Germany［J］. Environ manage，2000，25（6）：613-623.

［129］WEBER A. Theory of the location of industries［M］. Illinois：University of Chicago Press，1929.

［130］WEINGAST B R，MORAN M J. Bureaucratic discretion or congressional control？ Regulatory policymaking by the federal trade commission［J］. Journal of political economy，1983，91（5）：765-800.

［131］WEITZMAN M L. Prices vs. quantities［J］. Review of economic studies，1974，41（128）：477-491.

［132］WEITZMAN M L. Optimal rewards for economic regulation［J］. The American economic review，1978，68（4）：683-691.

［133］WOOLDRIDGE J M. Introductory econometrics：a modern approach［M］. Boston：Cengage Learning，2012.

［134］XEPAPADEAS A，DE ZEEUW A. Environmental policy and competitiveness：the Porter Hypothesis and the composition of capital［J］. Journal of environmental economics and management，1999，37（2）：165-182.

［135］YAN-GUANG C. Reconstructing the mathematical process of spatial autocorrelation based on Moran's statistics［J］. Geographical research，

2009，28（6）：1449–1463.

[136] YIN J，ZHENG M，CHEN J. The effects of environmental regulation and technical progress on CO2 Kuznets curve：an evidence from China [J]. Energy policy，2015（77）：97–108.

[137] 蔡昉，王德文，王美艳 . 工业竞争力与比较优势：WTO 框架下提高我国工业竞争力的方向 [J]. 管理世界，2003（2）：58–63.

[138] 曹翔，郭立萍 . 中国旅游业发展导致了资源诅咒效应吗？[J]. 旅游学刊，2017（5）：14–25.

[139] 陈德敏，张瑞 . 环境规制对中国全要素能源效率的影响：基于省际面板数据的实证检验 [J]. 经济科学，2012（4）：49–65.

[140] 陈硕，陈婷 . 空气质量与公共健康：以火电厂二氧化硫排放为例 [J]. 经济研究，2014（8）：158–169.

[141] 陈志钢 . 基于旅游综合竞争力的旅游城市空间竞争研究 [D]. 南京：南京师范大学，2004.

[142] 成伟光，李志刚，简王华 . 论旅游产业核心竞争力 [J]. 人文地理，2005（1）：53–56.

[143] 程培堽，周应恒，殷志扬 . FDI 对国内投资的挤出（入）效应：产业组织视角 [J]. 经济学（季刊），2009（4）：1527–1548.

[144] 崔建勋 . 河南省旅游产业结构升级中的创新问题研究 [J]. 管理学刊，2012（5）：53–57.

[145] 戴斌，乔花芳 . 北京市旅游产业结构变迁：理论研究与实证分析 [J]. 江西科技师范学院学报，2005（2）：1–11.

[146] 丹尼尔·F. 史普博 . 管制与市场 [M]. 上海：上海三联书店，1999.

[147] 段琼，姜太平 . 环境标准对国际贸易竞争力的影响：中国工业部门的实证分析 [J]. 国际贸易问题，2002（12）：49–51.

[148] 樊纲，王小鲁，宋恒鹏 . 中国市场化指数：各地区市场化相对进程 2011 年报告 [M]. 北京：经济科学出版社，2011.

[149] 樊志勇 . 互联网改变了旅游行业五种力量的竞争力 [J]. 旅游学刊，2016，31（6）：4–7.

[150] 甘巧林 . 旅游大省旅游业发展实力比较：兼析广东旅游业的发展实力 [J]. 旅游学刊，2003（2）：15–18.

[151] 干春晖，郑若谷，余典范 . 中国产业结构变迁对经济增长和波动的影响 [J]. 经济研究，2011（5）：4–16.

[152] 高广阔，马利霞 . 雾霾污染对入境客流量影响的统计研究 [J]. 旅游研究，2016（4）：77–82.

[153] 郭鲁芳 . 关于我国旅游业国际竞争力的思考 [J]. 旅游科学，2000（2）：12–15.

[154] 郭胜 . 论旅游产业结构优化调整目标与措施 [J]. 财贸研究，2003（4）：18–20.

[155] 郭舒，曹宁 . 旅游目的地竞争力问题的一种解释 [J]. 南开管理评论，2004，7（2）：95–99.

[156] 郭栩东，武春友 . 外商直接投资与旅游业竞争力的实证分析 [J]. 经济问题探索，2011（7）：73–77.

[157] 韩晶，陈超凡，施发启 . 中国制造业环境效率、行业异质性与最优规制强度 [J]. 统计研究，2014（3）：61–67.

[158] 胡国平，田国萍，喻志强 . 融资能力、盈利性、政府服务与小微企业活力研究 [J]. 产业经济评论，2016（4）：27–44.

[159] 黄岚 . 提升旅游产业国际竞争力的对策：以浙江为例 [J]. 浙江金融，2008（5）：55–63.

[160] 黄燕琳 . 区域旅游业竞争力评价指标体系的构建 [J]. 统计与决策，2013（5）：73–76.

[161] 蒋伏心，王竹君，白俊红 . 环境规制对技术创新影响的双重效应：基于江苏制造业动态面板数据的实证研究 [J]. 中国工业经济，2013（7）：44–55.

［162］金碚．企业竞争力测评的理论与方法［J］．中国工业经济，2003（3）：5–13.

［163］金碚．论企业竞争力的性质［J］．中国工业经济，2001（10）：5–10.

［164］李钢，李颖．环境规制强度测度理论与实证进展［J］．经济管理，2012（12）：154–165.

［165］李进兵．旅游资源与环境的企业自愿保护机制研究［J］．管理世界，2011（10）：180–181.

［166］李玲，陶锋．中国制造业最优环境规制强度的选择：基于绿色全要素生产率的视角［J］．中国工业经济，2012（5）：70–82.

［167］李强．环境规制与产业结构调整：基于 Baumol 模型的理论分析与实证研究［J］．经济评论，2013（5）：100–107.

［168］李强．企业出口背景下的 R&D 投入产出效应：基于江苏省企业科技创新普查数据的分析［J］．科研管理，2013（9）：89–96.

［169］李山，王铮，钟章奇．旅游空间相互作用的引力模型及其应用［J］．地理学报，2012（4）：526–544.

［170］李树，翁卫国．我国地方环境管制与全要素生产率增长：基于地方立法和行政规章实际效率的实证分析［J］．财经研究，2014（2）：19–29.

［171］李万立．旅游产业链与中国旅游业竞争力［J］．经济师，2005（3）：123–124.

［172］李伟清．以世博会为契机　提升以上海为中心的长三角旅游产业核心竞争力［J］．商业研究，2006（19）：167–169.

［173］李永友，沈坤荣．我国污染控制政策的减排效果：基于省际工业污染数据的实证分析［J］．管理世界，2008（7）：7–17.

［174］李肇荣，高元衡．旅游经济基础［M］．北京：旅游教育出版社，2006.

［175］李仲广．从形式到实质：旅游经济学之路［J］．旅游学刊，2007（11）：8–9.

［176］梁平汉，高楠．人事变更、法制环境和地方环境污染［J］．管理世界，

2014（6）：65–78.
［177］林毅夫 . 后发优势与后发劣势：与杨小凯教授商榷［J］. 经济学（季刊），2003（3）：989–1004.
［178］林毅夫，蔡昉，李周 . 比较优势战略与金融危机［J］. 江西财经大学学报，1999（4）：3–6.
［179］林毅夫，蔡昉，李周 . 比较优势与发展战略：对“东亚奇迹”的再解释［J］. 中国社会科学，1999（5）：4–20.
［180］刘朝文 . 我国旅游产业经济发展问题及对策［J］. 改革与战略，2017（8）：127–130.
［181］刘恒江，陈继祥 . 上海旅游产业簇群及其核心竞争力研究［J］. 上海经济，2003（5）：25–26.
［182］刘佳，杜亚楠 . 沿海地区旅游产业结构水平测度分析［J］. 商业研究，2013（7）：61–67.
［183］刘建国，刘宇 . 2006—2013 年杭州城市旅游全要素生产率格局及影响因素［J］. 经济地理，2015，35（7）：190–197.
［184］刘伟明 . 环境污染的治理路径与可持续增长：“末端治理”还是“源头控制”？［J］. 经济评论，2014（6）：41–53.
［185］刘中艳，李明生 . 旅游产业集群竞争力测度的 GEMS 模型构建及应用［J］. 经济地理，2013（11）：187–192.
［186］刘中艳，罗琼 . 省域城市旅游竞争力测度与评价：以湖南省为例［J］. 经济地理，2015，35（4）：186–192.
［187］罗超平，张梓榆，王志章 . 金融发展与产业结构升级：长期均衡与短期动态关系［J］. 中国软科学，2016（5）：21–29.
［188］罗丽丽 . 河南省旅游产业竞争力的培育与提升［J］. 河南大学学报（社会科学版），2006（6）：60–63.
［189］罗明义 . 旅游经济分析：原理—方法—案例［M］. 昆明：云南大学出版社，2001.

[190] 吕宛青.遗产旅游地营销管理中的组织机制及其解析[J].旅游研究，2009（3）：67–71.

[191] 麻学锋.区域旅游业内部结构演变实证研究：以张家界为例[J].华东经济管理，2009（9）：32–35.

[192] 马中.环境与资源经济学概论[M].北京：高等教育出版社，2006.

[193] 缪婧晶，王劲松.市场失灵、政府干预与旅游产业国际竞争力[J].社会科学家，2002（3）：21–26.

[194] 倪向丽.我国省际旅游产业竞争力因子聚类评估[J].统计与决策，2018，34（21）：54–56.

[195] 裴长洪.生产技术与国际分工的分析：一种关于东南亚金融危机原因的解释[J].数量经济技术经济研究，1998（7）：14–17.

[196] 裴长洪，王镭.试论国际竞争力的理论概念与分析方法[J].中国工业经济，2002（4）：41–45.

[197] 彭冲，李春风，李玉双.产业结构变迁对经济波动的动态影响研究[J].产业经济研究，2013（3）：91–100.

[198] 彭聪，袁鹏.环境规制强度与中国省域经济增长：基于环境规制强度的再构造[J].云南财经大学学报，2018（10）：37–51.

[199] 彭建，郭思远，裴亚楠，等.大陆居民对北京雾霾的旅游影响感知和态度研究[J].中国人口·资源与环境，2016（10）：168–176.

[200] 彭武运，陈静，姚小烽.论民族地区旅游产业核心竞争力的培育与提升：以湘西土家族苗族自治州为例[J].民族论坛，2007（8）：40–41.

[201] 沈能.环境效率、行业异质性与最优规制强度：中国工业行业面板数据的非线性检验[J].中国工业经济，2012（3）：56–68.

[202] 沈能.基于地理溢出的我国研发效率的时空演化特征[J].科研管理，2013，34（4）：123–130.

[203] 盛斌，马涛.中间产品贸易对中国劳动力需求变化的影响：基于工业部门动态面板数据的分析[J].世界经济，2008（3）：12–20.

[204] 盛见.区域旅游产业竞争力构成：基于竞争力性质的研究[J].旅游学刊，2007（8）：29–34.

[205] 石灵云，殷醒民，刘修岩.产业集聚的外部性机制：来自中国的实证研究[J].产业经济研究，2007（6）：1–7.

[206] 石张宇.后世园会效应下的辽宁旅游产业竞争力提升研究[J].特区经济，2008（6）：160–161.

[207] 孙建国.论加强区域经济合作促进中西部地区旅游产业竞争力[J].经济师，2002（11）：96–97.

[208] 孙叶飞，夏青，周敏.新型城镇化发展与产业结构变迁的经济增长效应[J].数量经济技术经济研究，2016（11）：23–40.

[209] 谭娟，陈晓春.基于产业结构视角的政府环境规制对低碳经济影响分析[J].经济学家，2011（10）：91–97.

[210] 谭蓉娟.泛珠三角地区旅游产业竞争力影响因素实证研究：基于 Panel Data 的分析[J].珠江经济，2008（7）：84–90.

[211] 谭颖青.珠江三角洲地区旅游产业竞争力分析研究[D].广州：华南师范大学，2005.

[212] 陶长琪，周璇.环境规制、要素集聚与全要素生产率的门槛效应研究[J].当代财经，2015（1）：10–22.

[213] 万绪才，李刚，张安.区域旅游业国际竞争力定量评价理论与实践研究：江苏省各地市实例分析[J].经济地理，2001，21（3）：355–358.

[214] 王兵，吴延瑞，颜鹏飞.中国区域环境效率与环境全要素生产率增长[J].经济研究，2010（5）：95–109.

[215] 王大悟，魏小安.新编旅游经济学[M].上海：上海人民出版社，2000.

[216] 王恩旭，吴荻，匡海波.基于标准离差 –G1–DEA 的旅游机场竞争力与效率差异性评价的对比研究[J].科研管理，2016，37（2）：152–160.

[217] 王杰，刘斌.环境规制与企业全要素生产率：基于中国工业企业数据的经验分析[J].中国工业经济，2014（3）：44–56.

[218] 王科.基于产业整合理论的区域旅游产业竞争力提升研究[D].武汉：华中师范大学，2008.

[219] 王满，史海波.企业资本结构、融资能力与市场竞争力[J].财经问题研究，2009（6）：106–109.

[220] 王鹏，谢丽文.污染治理投资、企业技术创新与污染治理效率[J].中国人口·资源与环境，2014（9）：51–58.

[221] 王文普.环境规制的经济效应研究[D].济南：山东大学，2012.

[222] 王小鲁，樊纲，余静文.中国分省份市场化指数报告（2016）[M].北京：社会科学文献出版社，2017.

[223] 王玉莲.我国旅游业进一步利用外资的战略思考[J].生产力研究，2012（3）：128–129.

[224] 王兆峰.区域旅游产业竞争力评价指标体系的构建[J].经济管理，2009（8）：33–38.

[225] 王兆峰，黄炜.西部地区旅游产业品牌竞争力提升战略研究[J].湖南商学院学报，2008（2）：58–60.

[226] 韦梅.大湄公河次区域旅游产业竞争力研究[D].昆明：云南师范大学，2006.

[227] 魏玮，毕超.环境规制、区际产业转移与污染避难所效应：基于省级面板 Poisson 模型的实证分析[J].山西财经大学学报，2011（8）：69–75.

[228] 吴承照，马林志.上海旅游产业结构健康指数及其应用研究[J].同济大学学报（社会科学版），2009（2）：108–113.

[229] 武娟，赵银德.我国入境旅游产业国际竞争力分析[J].商业时代，2007（32）：91–93.

[230] 熊艳.基于省际数据的环境规制与经济增长关系[J].中国人口·资源与环境，2011（5）：126–131.

[231] 宿倩.城市旅游产业竞争力研究[D].大连：大连理工大学，2004.

[232] 徐春辉，杨路明，杨贺.电子商务环境下的旅游产业竞争力研究[J].

江苏商论，2007（4）：51–53.

［233］薛飞，李泽卿，江满杰，等．支气管哮喘合并过敏性鼻炎的流行病学调查及相关性分析［J］．山东大学耳鼻喉眼学报，2009（1）：54–56.

［234］杨小强，丁键，王树功，等．依靠科技支撑，提升广东旅游产业竞争力［J］．广东科技，2004（4）：19–20.

［235］易丽蓉，李传昭．旅游目的地竞争力五因素模型的实证研究［J］．管理工程学报，2007（3）：105–110.

［236］应瑞瑶，周力．外商直接投资、工业污染与环境规制：基于中国数据的计量经济学分析［J］．财贸经济，2006（1）：76–81.

［237］于文超．官员政绩诉求、环境规制与企业生产效率［D］．成都：西南财经大学，2013.

［238］余莱花，崔维军，李廉水．环境规制对中国制造业出口的影响：基于引力模型的“污染避难所”假说检验［J］．经济体制改革，2015（2）：115–119.

［239］余东华，胡亚男．环境规制趋紧阻碍中国制造业创新能力提升吗？——基于“波特假说”的再检验［J］．产业经济研究，2016（2）：11–20.

［240］袁鹏，程施．中国工业环境效率的库兹涅茨曲线检验［J］．中国工业经济，2011（2）：79–88.

［241］袁尧清．技术进步对旅游产业结构升级作用探讨［J］．经济问题探索，2014（7）：185–190.

［242］臧传琴，张菡．环境规制技术创新效应的空间差异：基于2000—2013年中国面板数据的实证分析［J］．宏观经济研究，2015（11）：72–83.

［243］曾庆佳．论旅游产业集群对旅游目的地竞争力的影响［D］．成都：四川师范大学，2007.

［244］张朝枝，邓曾，游旺．基于旅游体验视角的旅游产业价值链分析［J］．旅游学刊，2010（6）：19–25.

［245］张成，陆旸，郭路，等．环境规制强度和生产技术进步［J］．经济研究，

2011（2）：113–124.
［246］张广海，冯英梅．山东半岛蓝色经济区旅游产业结构水平综合评价与测度［J］．中国人口·资源与环境，2013（9）：107–113.
［247］张红凤，周峰，杨慧，等．环境保护与经济发展双赢的规制绩效实证分析［J］．经济研究，2009（3）：14–26.
［248］张华初，李永杰．中国旅游业产业关联的定量分析［J］．旅游学刊，2007（4）：15–19.
［249］张林．中国双向 FDI、金融发展与产业结构优化［J］．世界经济研究，2016（10）：111–124.
［250］张明清，刘超．旅游产业国际竞争力的理论思考与竞争态势分析［J］．经济问题探索，2000（4）：116–119.
［251］张平，张鹏鹏，蔡国庆．不同类型环境规制对企业技术创新影响比较研究［J］．中国人口·资源与环境，2016（4）：8–13.
［252］张铁男，罗晓梅．对产业国际竞争力分析框架的理论研究［J］．工业技术经济，2005（7）：49–50.
［253］张卫东，汪海．我国环境政策对经济增长与环境污染关系的影响研究［J］．中国软科学，2007（12）：32–38.
［254］张欣．旅游业后发地区发展战略研究［J］．旅游科学，2002（4）：20–23.
［255］张勇，蒲勇健．产业结构变迁及其对能源强度的影响［J］．产业经济研究，2015（2）：15–22.
［256］赵磊，唐承财．产业结构变迁、旅游业与经济增长：来自中国的经验证据［J］．资源科学，2017（10）：1918–1929.
［257］赵敏．环境规制的经济学理论根源探究［J］．经济问题探索，2013（4）：152–155.
［258］赵玉民，朱方明，贺立龙．环境规制的界定、分类与演进研究［J］．中国人口·资源与环境，2009（6）：85–90.
［259］中国对外翻译出版公司编译．世界各国工业化概况和趋向［M］．北京：

中国对外翻译出版公司，1980.

[260] 周珂. 环境与资源保护法（第3版）[M]. 北京：中国人民大学出版社，2015.

[261] 周燕，齐中英. 产业竞争力及其来源分析[J]. 商业研究，2004（8）：26-27.

[262] 周章. 江苏省旅游产业发展研究：对于旅游景区竞争力提升的思考[J]. 特区经济，2008（8）：53-54.

[263] 周振东. 旅游业不是“无烟工业”：对旅游与环境关系的再认识[J]. 财经问题研究，2001（10）：50-53.

[264] 邹泉. 基于投入产出模型的中国各省旅游竞争力研究[J]. 国土与自然资源研究，2018（4）：51-58.

[265] 左冰. 中国旅游经济增长因素及其贡献度分析[J]. 商业经济与管理，2011（10）：82-90.

# 重要术语索引表